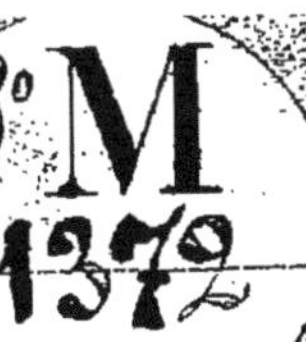

RESPONSABILITÉS DE LA GUERRE

LES AUTEURS DU CRIME DE 1914

avec des documents inédits

PAR

J.-L. BONNET

DÉPUTÉ DE LA SEINE

PARIS

LIBRAIRIE H. FLOURY

4, RUE DE CONDÉ

—

1922

Prix : 1 franc.

LES AUTEURS DU CRIME DE 1914

avec des documents inédits

PAR

J.-L. BONNET

DÉPUTÉ DE LA SEINE

PARIS

LIBRAIRIE H. FLOURY

4, RUE DE CONDÉ

1922

Prix : 1 franc.

RESPONSABILITÉS ET DOCUMENTS

En signant, le 28 juin 1919, le traité de Versailles, les plénipotentiaires allemands ont reconnu que l'Allemagne et ses alliés étaient entièrement et exclusivement responsables de la guerre et étaient tenus à réparer les pertes et les dommages que leur agression avait causés aux gouvernements alliés et associés. L'article 231 du traité enregistre en ces termes l'aveu de l'Allemagne et de ses alliés et leur engagement de réparer.

Art. 231. — Les gouvernements alliés et associés déclarent et l'Allemagne reconnaît que l'Allemagne et ses alliés sont responsables, pour les avoir causés, de toutes les pertes et de tous les dommages subis par les gouvernements alliés et associés et leurs nationaux en conséquence de la guerre, qui leur a été imposée par l'agression de l'Allemagne et de ses alliés.

On n'a pas oublié que de la bouche de l'ex-chancelier de Bethmann-Hollweg est tombé le cynique aveu : « Les traités sont des chiffons de papier ».

Aussi l'Allemagne s'est efforcée de se soustraire à ses obligations et elle a mobilisé une armée de parlementaires, d'officiers, de professeurs d'université et de publicistes qui s'évertuent à rejeter sur l'Entente, et en particulier sur la France, les responsabilités de la guerre. Les magnats de son industrie alimentent cette propagande. Elle espère jeter assez de poudre aux yeux pour faire croire à son innocence, montrer la fausseté de l'article 231 du traité et se libérer du même coup de son engagement de réparer.

Les Allemands ajoutent cette argutie : « Notre aveu ne vaut rien ; on nous l'a arraché par la force ».

Admettons qu'il s'agisse encore d'un chiffon de papier de plus qu'a signé la candide Germanie. Pour déjouer tant de mauvaise foi, il convient de refaire en entier le procès et d'en appeler aux témoignages des Allemands eux-mêmes. Je m'en réfère notamment aux documents suivants :

Livre Blanc allemand.

Livre Rouge autrichien.

Le *Mémoire* du prince Lichnowsky, ambassadeur d'Allemagne à Londres.

Les *Carnets* du docteur Muehlon, ex-directeur des usines Krupp.

Le *J'accuse* et les autres publications de Richard Grelling.

Les *Actes* publiés par le ministre président de Bavière Kurt Eisner.

Le recueil *Bayrische Dokumenten über den Kriegsausbruch*, rassemblé par le docteur Pius Dirr, député, commis à ce soin par la Diète de Bavière.

Les *documents* colligés par le socialiste Karl Kautsky, secrétaire adjoint au ministère des Affaires étrangères du Reich, qui les a extraits des caisses en fer où les ministres de Guillaume II en fuite les avaient enfermés.

Le livre du général von Kuhl sur *Le Grand état-major allemand*.

Les *déclarations* du comte Berchtold, ministre des Affaires étrangères d'Autriche-Hongrie.

Von Siebert (archives Russes).

Le *Livre Noir* de M. René Marchand, Français devenu bolcheviste et résidant avec Sadoul en Russie.

Les *documents diplomatiques* publiés en 1919 sous les auspices de l'Office des Affaires étrangères à Vienne et réunis par le docteur Roderich Goos.

Vergleichende Geschichts Tabelien de Guillaume II. — *Tableaux historiques de 1878 jusqu'à la guerre de 1914*, que l'ex-empereur a composés en 1919 et fait publier à Leipzig.

Et enfin *les annotations* de la main de Guillaume II en marge des rapports de ses diplomates.

J'arrête cette énumération qui indique les principales sources auxquelles j'ai puisé mes renseignements. J'ai voulu fournir à tout esprit impartial le moyen de se faire avec indépendance et bonne foi une opinion raisonnée. L'analyse de ces irréfragables documents démontre avec la dernière évidence le crime de Guillaume II, la préméditation et la scélératesse de cet exécrable état-major prussien qui a combiné dans le mystère et le silence le plan d'agression et l'a mis à exécution au moment où le succès lui parassait assuré.

J.-L. BONNET.

LES RESPONSABILITÉS DE LA GUERRE

LES AUTEURS DU CRIME DE 1914

I. — LES ORIGINES DE LA GUERRE

De longue date l'Allemagne a prémédité la guerre qu'elle a préparée avec minutie et déchaînée par surprise. De multiples raisons politiques, militaires, maritimes, financières, agricoles, commerciales et industrielles ont inspiré sa conduite.

L'hégémonie allemande

De 1871 à 1890, l'Allemagne installe et consolide sa suprématie en Europe. Elle conclut, à cet effet, une série d'accords : alliance autrichienne, en 1879 ; alliance italienne, en 1882 ; alliance roumaine, en 1883 ; contre-assurances russes, en 1884 et 1887. A la chute de Bismarck (17 mars 1890), Guillaume II inaugure une politique mondiale d'industrialisation germanique et d'expansion à outrance.

La politique bismarckienne

La politique bismarckienne de 1862 à 1890 est une politique continentale, européenne, qui tend à agrandir l'Allemagne et à conserver la situation acquise.

Bismarck ne croyait pas que l'avenir de l'Empire fût sur l'eau, ni dans les expéditions lointaines, ni dans une extension vers le domaine balkanique et turc ; il visait à écarter l'éventualité d'un rapprochement entre la France et la Russie et à ne pas risquer une guerre de l'Empire sur ses deux frontières ; il ne voulait pas provoquer par une politique navale, économique et antibritannique, un conflit avec l'Angleterre.

La politique du « nouveau cours »

La retraite de Bismarck est le signal d'un « nouveau cours » (neue kurs). Guillaume II secoue la tutelle d'un mentor et a hâte de prouver qu'il peut faire autrement et beaucoup mieux. Sa politique aspire à augmenter au delà des mers la place de l'Allemagne au soleil, à multiplier et absorber les débouchés, à supplanter la concurrence, à donner à son Empire, par une organisation systématique des forces militaires, navales et économiques, la maîtrise du monde.

Malgré des résistances, le Kaiser forge l'instrument de sa politique : la flotte allemande ; il fait luire à son peuple la grandeur du but, l'immensité du profit et il étend le programme des acquisitions et des conquêtes coloniales. De grandes banques s'organisent pour seconder l'essor indéfini du commerce et de l'industrie allemands et pour accomplir au dehors de vastes entreprises, politiques et économiques, qui créeront à l'Empire, sur des points importants du globe, des intérêts internationaux considérables et des moyens de ramification et d'action. Le gouvernement les soutient en toutes circonstances.

Les conseillers militaires de l'empereur flattent son penchant et lui font miroiter cet autre avantage inappréciable : le développement de l'industrie nationale retiendra chaque année dans l'Empire une masse de 200 à 250.000 jeunes hommes qui quittent la terre natale pour aller chercher fortune au loin, et surtout en Amérique, et y fonder une famille ; cette jeunesse qui n'émigrera plus usinera sur le sol allemand, s'incorporera dans l'armée allemande dont elle accroîtra la puissance.

L'argument séduit Guillaume II qui lance son pays à la conquête des marchés de l'univers en lui clamant que son avenir est sur l'eau. Dans cette voie, l'Allemagne concurrencera, inquiètera et sera fatalement amenée à combattre la suprématie commerciale, industrielle et navale de la vieille Angleterre qui vit de la vente de ses produits manufacturés et du transport des marchandises de tous les Etats sous la protection de sa grande flotte.

Pour l'équilibre européen

Les nations que menace l'hégémonie allemande cherchent à rétablir l'équilibre européen. D'anciennes méfiances les séparent, l'instinct de conservation les rapproche. Leurs efforts sont lents et mal coordonnés.

L'alliance franco-russe (27 août 1891) commence l'affranchissement. Puis viennent les accords franco-italiens de 1900, l'alliance anglo-japonaise de 1902, l'entente anglo-française du 8 avril 1904. D'autres suivront qui en seront la conséquence : accords russo-japonais, anglo-russe, russo-italien, franco-japonais. Ces ententes créent une solidarité d'intérêts entre les participants et limitent la puissance d'action de l'Allemagne.

Incidents de Tanger, de Casablanca, d'Agadir

La diplomatie germanique s'efforce particulièrement à rompre l'entente franco-anglaise. Au lendemain de la défaite russe à Moukden, Guillaume II prononce à Tanger (31 mars 1905) un discours qui nous menace. La conférence d'Algésiras lui inflige un camouflet. Un autre échec lui est réservé.

La Russie, qui venait de faire sa paix à Portsmouth avec le Japon, allié de la Grande-Bretagne, reprend son rôle et sa tâche en Europe. Le 31 août 1907, elle termine une longue période d'antagonisme avec l'Angleterre et signe une convention avec cette puissance. La « Triple Entente » est fondée.

La déconvenue de Guillaume II accroît son ressentiment, nous vaut l'affaire des déserteurs de Casablanca (1909) et le coup d'Agadir (1er juillet 1911).

Avertissement de l'Angleterre

L'Allemagne avait tenté le coup d'Agadir pour nous intimider et pour éprouver la solidité des liens qui nous unissaient à l'Angleterre. Au plus fort de l'alerte, alors que le Gouvernement allemand nous notifiait son intention de prendre toute l'Afrique équatoriale française en échange de la reconnaissance de notre protectorat au Maroc, une réponse significative lui vient de Londres.

Au nom du Gouvernement anglais et dans l'intérêt du maintien de la paix, M. Lloyd George, alors ministre des Finances, prononce, au Mansion House (21 juillet 1911) un discours retentissant afin d'avertir l'Allemagne que, si ses prétentions dépassent une certaine mesure, elle se heurtera à l'Angleterre, liée à la France par un accord formel au sujet du Maroc.

L'Allemagne tente d'obtenir la neutralité de l'Angleterre

La pensée de nous faire la guerre à l'heure qu'il jugera favorable s'est emparée de Guillaume II suggestionné par son état-major, et il essaie de nous isoler de l'Angleterre et d'obtenir sa neutralité. En janvier 1912, la chancellerie allemande entame des négociations en vue d'une entente entre l'Angleterre et l'Allemagne et demande au Cabinet anglais de souscrire à cette formule :

Si l'une des hautes parties contractantes se trouve engagée dans une guerre contre une ou plusieurs puissances, l'autre partie conservera au moins une neutralité bienveillante vis-à-vis de la première et fera tous ses efforts pour localiser le conflit.

Le Cabinet anglais n'accepte pas ce texte et finalement fait cette proposition :

Les deux puissances étant animées du désir d'entretenir entre elles des relations pacifiques et amicales, l'Angleterre déclare qu'elle n'attaquera pas l'Allemagne sans provocation et qu'elle ne pratiquera pas une politique agressive vis-à-vis de cette puissance.

L'Allemagne réclame l'adjonction suivante :

En conséquence, il va de soi que l'Angleterre observera une neutralité bienveillante dans le cas où la guerre serait imposée à l'Allemagne.

Le Cabinet anglais, qui se rappelle la falsification de la dépêche d'Ems par Bismarck et qui ne veut pas permettre à l'Allemagne de susciter une querelle d'Allemand, repousse l'adjonction. Les pourparlers sont rompus. Guillaume II continue et active ses préparatifs de guerre. Une furieuse rancune, une fièvre belliqueuse animent son peuple.

II. — POURQUOI L'ALLEMAGNE N'A PAS ATTAQUE LA FRANCE EN 1911.

Les rapports de nos agents diplomatiques et consulaires en 1912-1913 (*Livre Jaune*, pages 15 à 19) dépeignent l'état d'esprit en Allemagne, montrent que les partisans de la paix sont débordés et emportés par le courant des pangermanistes. Le traité du 4 novembre 1911 entre la France et l'Allemagne, qui a terminé l'incident d'Agadir, a excité la rancune des intérêts et allumé la colère des déceptions et des convoitises.

L'Allemagne voit dans ce traité « une défaite diplomatique, une preuve de l'incapacité de la diplomatie allemande et de l'incurie du Gouvernement, une humiliation nationale, une atteinte au prestige allemand ». Le *Livre Jaune* pose la question (page 15) et y répond : « Pourquoi donc l'Allemagne n'a-t-elle pas fait la guerre pendant l'été de 1911, puisque l'opinion publique y était favorable ? On fait valoir, dans les milieux compétents des *raisons militaires et financières* ».

Le rapport secret du grand état-major allemand

Quelles raisons militaires et financières ? Le rapport officiel et secret de l'état-major allemand en date du 19 mars 1913 (*Livre Jaune*, pages 9 et 10) en énumère plusieurs :

A cette époque, les progrès de l'armée française, le relèvement moral de la nation, l'avance technique prise dans le domaine de l'aviation et dans celui des mitrailleuses, *rendaient une attaque contre les Français moins facile* que dans la période précédente. De plus, il fallait s'attendre à une attaque de la flotte anglaise.

Cette situation difficile ouvrit les yeux sur la *nécessité* d'une augmentation de l'armée. *Contre l'intention anglaise d'envoyer un corps expéditionnaire de* 100.000 *hommes sur le continent, on devait répondre par une meilleure utilisation des réserves...* Il faut préparer la guerre au point de vue financier ; il y a beaucoup à faire de ce côté-là.

Ce rapport correspondait exactement aux vues de Guillaume II. Retenons-en les aveux essentiels.

L'Allemagne ne nous a pas fait la guerre en 1911 pour deux raisons militaires principales : 1° elle n'a pas jugé assez forte la supériorité numérique et technique de son armée ; 2° elle ne doutait pas de l'envoi d'un corps expéditionnaire anglais de 100.000 hommes sur le continent et elle n'a jamais douté de cette intervention — j'en fournirai plus loin de nouvelles preuves, — car elle était résolue à nous attaquer par la Belgique et elle savait que la violation du territoire belge déterminerait l'intervention de l'Angleterre. En conséquence, *pour « rendre une attaque contre les Français plus facile »* et pour parer à l'envoi d'un corps expéditionnaire anglais sur le continent, Guillaume II emploie méthodiquement et à la hâte les moyens que lui a suggérés l'état-major de son armée : augmentation numérique de l'armée active, accroissement des éléments techniques, meilleure utilisation des réserves, mesures financières.

Cette tâche lui a été facilitée, hélas ! par l'infériorité de notre méthode. La France qui, en aviation et pour les mitrailleuses et les sous-marins comme en d'autres domaines a été un précurseur et a pris l'initiative, se laisse distancer.

Des rivalités d'école ralentissent ses fabrications, des illusions pacifistes lui voilent le danger de guerre. L'Allemand, lui, médite son agression et arme à outrance.

Préparatifs militaires de l'Allemagne

De 1873 à 1910, en trente-sept ans, l'armée allemande était passée de 443.000 à 648.000 hommes, soit une lente augmentation de 205.000 unités. Brusquement, en 1911, commence une poussée énorme : augmentation de 23.000 hommes en 1911, de 46.000 en 1912, de 159.000 en 1913 ; ce qui portait l'effectif à 876.000 hommes. Soit, dans les trois dernières années avant la déclaration de guerre, une augmentation de 228.000 hommes, supérieure à celle qui a été réalisée pendant les trente-sept années précédentes.

On n'a pas assez remarqué alors en France, ni à l'étranger, l'accroissement subit et formidable de ces formations techniques dont la grande guerre a révélé l'importance. Une sèche énumération instruira le public.

Mars 1911. — Loi créant : 112 compagnies de mitrailleuses, 19 bataillons de troupes techniques (artillerie lourde, chemins de fer, projecteurs, automobilistes, train, pionniers, etc.).

Mai 1912. — Loi créant : 106 compagnies de mitrailleuses, 9 bataillons de troupes techniques (artillerie lourde, projecteurs, automobilistes, train, etc.).

Juin 1913. — Loi créant : 18 compagnies de mitrailleuses, 15 détachements de mitrailleuses de forteresse, 18 compagnies cyclistes, 3 régiments, 1 bataillon et 5 batteries d'artillerie lourde, 30 bataillons de troupes techniques (pionniers, projecteurs, télégraphistes, train, aérostiers, aviation, etc.).

L'exécution de chacune de ces lois a suivi leur vote. Le 1er février 1914, toutes ces formations avaient été effectuées.

Le dépôt du projet de loi (28 mars 1913) qui a abouti à la loi du 30 juin, en même temps qu'il élevait les effectifs de 159.000 hommes, édictait une contribution de guerre de 1.250 millions. Des députés allemands regimbaient contre l'étendue du sacrifice. Le 2 avril 1913, notamment, dans le *Berliner Tageblatt*, un député radical, M. le docteur Potthof, invitait le gouvernement à faire connaître les véritables causes qui l'amenaient à décider des renforcements et des dépenses militaires aussi considérables. Son article perçait la pensée de guerre du Kaiser ; en voici un passage significatif :

En tenant compte des lois de 1911-1912 et de 1913, on peut dire que l'Allemagne augmente subitement son armée de plus de 200.000 hommes en pleine paix. L'Allemagne dépense 3 milliards de marks en trois ans en plus des 2 milliards de marks qu'elle dépense annuellement pour l'armée et pour la marine.

On ne peut expliquer une pareille folie d'armements ni par les déclarations du ministre de la Guerre en 1911 et 1912, ni par les événements balkaniques. La seule puissance balkanique amie de l'Allemagne est intacte : c'est la Roumanie. Les autres sont très gravement affaiblies.

L'heure n'est pas propice aux cachotteries. *Ce que l'on nous demande, ce n'est pas une mesure de temps de paix, c'est tout simplement une mobilisation.*

Non seulement on augmente l'armée de cette façon, mais on triple le trésor de guerre, qui est nécessaire à une rapide mobilisation, et on décide un impôt sur la fortune que le chef du parti démocrate, le docteur Wiener, a caractérisé exactement par ces mots : *C'est la guerre en temps de paix*.

Il faut le dire de la façon la plus claire : *la nouvelle loi, c'est la mobilisation en pleine paix*. C'est seulement si le gouvernement impérial croit qu'au printemps prochain au plus tard éclatera une guerre européenne que de pareilles mesures seraient justifiées.

Ce n'est pas au printemps, c'est à l'été de 1914 que Guillaume II avait projeté de déchaîner la guerre ; ses préparatifs financiers avaient marché de pair avec les préparatifs militaires.

Préparatifs financiers

En décembre 1911, après le coup d'Agadir, sur l'injonction de Guillaume II, M. Havenstein, président de la Reichsbank, dresse un projet et le soumet à une réunion des principaux directeurs de banques berlinois (février 1912). On convient de le faire étudier par « l'Association allemande des Banques et des Banquiers ». La mise au point définitive est si activement poussée que M. von Stroell, directeur de la Banque d'émission bavaroise, déclare en septembre 1912 : « On peut aujourd'hui tracer dans ses grandes lignes le tableau de la mobilisation financière ». Les textes sont minutieusement élaborés. Le Reichstag les votera en bloc le 4 août 1914.

L'Allemagne excitée à la guerre

L'année 1913 fournit à Guillaume II l'occasion propice d'emboucher la trompette guerrière et de chauffer à blanc l'enthousiasme belliqueux de son peuple. Le cabotin sinistre célèbre le Jubilé impérial de ses 25 premières années de règne qui coïncide avec le centenaire de la guerre de l'Indépendance de 1813 et il exalte, dans de multiples harangues, les souvenirs de cette épopée, l'anniversaire de la bataille de Leipzig et la libération du joug napoléonien qui éveillent le « *furor teutonicus* ».

III. — LES BUTS DE GUERRE DE GUILLAUME II.

Les froids calculs de son entourage, de son état-major, de ses diplomates, des chefs de la finance, du commerce, de l'industrie et de l'Université germaniques ont déterminé Guillaume II à la guerre.

La camarilla militaire

La camarilla militaire qui entoure l'empereur — cabinet militaire du Kaiser et grand état-major allemand — exerce en Allemagne une influence décisive. Elle jouit d'un immense prestige et impose d'habitude ses vues au chancelier et aux ministres qui forment le gouvernement civil. Elle est composée presque exclusivement de hobereaux prussiens, junkers au cœur dur et à l'esprit féodal, qui affichent un mépris hautain pour les Allemands du Sud, du Hanovre et des provinces rhénanes. Son dévouement à la dynastie royale de Prusse est légendaire. Son éducation régimentaire et ses traditions familiales lui font considérer la guerre comme l'industrie nationale du royaume et de l'Empire. Elle ne rêve que plaies et bosses, stratégie et conquêtes. Elle imagine constamment et perfectionne des plans de campagne. Elle entretient dans l'esprit du souverain la haine du Français, l'ennemi héréditaire, la méfiance du Russe, le barbare asiatique, l'envie de l'Anglais, le Seigneur des mers qui rançonne l'univers.

Avantages immédiats

Autour de l'empereur, personne ne doute de l'utilité et de la nécessité de la guerre ni de la victoire certaine et rapide de l'Allemagne ; on lui fait valoir que l'Empire en retirera ces avantages immédiats :

Du côté de la France, prise de possession des riches départements français de la frontière de l'Est au détroit du Pas-de-Calais et mainmise sur les plus belles colonies françaises ; formidable indemnité de guerre qui compensera le vainqueur de ses déboursés ; augmentation du prestige de l'Empire germanique à l'extérieur et conquête de nouveaux marchés et débouchés qui absorberont la surproduction allemande.

Du côté de la Russie, prise de possession de la Pologne, de la Lithuanie et des provinces baltiques. Cet immense territoire fournit chaque année à l'Allemagne les centaines de mille de travailleurs agricoles qui sont indispensables à la culture de son sol ; une décision du gouvernement russe peut les retenir dans leurs foyers ; la conquête les rivera à l'empire germanique.

Monopole des industries chimiques et mécaniques

Les commerçants, industriels, financiers et armateurs allemands harcèlent leur gouvernement d'articles, d'appels, de brochures, de mémoires et de livres qui développent cette thèse :

Par la possession de la Belgique et des départements français du Nord à Meurthe-et-Moselle, l'Allemagne ajoutera à ses richesses minières d'inépuisables mines de charbon et de fer. Elle tiendra sous sa dépendance les industries mécaniques de l'Europe, comme elle tient déjà sous sa dépendance les industries chimiques. Elle acquerra des ressources exceptionnelles pour développer sa flotte commerciale et sa marine de guerre, son commerce mondial, son emprise financière et sa puissance d'expansion. Nul ne pourra rivaliser avec elle pour la fabrication du matériel de guerre qui est la condition des succès militaires et elle conquerra l'hégémonie universelle par la force de ses armées, par le travail. l'or, le charbon et le fer.

L'Allemagne et le Mittel-Europa

D'autres arguments pèsent d'un grand poids sur Guillaume II. La guerre rehaussera l'influence et servira les intérêts de la noblesse terrienne qui est le principal support de son trône, la pépinière des officiers de son armée, de ses diplomates et de ses administrateurs. La guerre créera une heureuse diversion aux revendications des masses démocratiques et socialistes et fortifiera le pouvoir impérial ; elle exaltera l'orgueil et assouvira les appétits du peuple allemand qui, à tous les degrés de la hiérarchie, rêve de la plus grande Allemagne et se croit prédestiné à dominer et à exploiter le monde.

Une vaste ambition guide Guillaume II. Il a favorisé avec ténacité la construction de la ligne de Bagdad qui, à travers la Turquie d'Asie, conduit le rail allemand jusqu'au seuil du Golfe Persique ; il encourage les économistes comme M. Naumann qui prônent le projet d'une union douanière — qu'on appellera plus tard Mittel-Europa — entre l'Allemagne, l'Autriche agrandie jusqu'à Salonique, la Bulgarie arrondie aux dépens de la Serbie et la Turquie. Une conception plus fructueuse encore le hante.

Incorporer la Belgique, la Hollande et le Danemark dans l'empire allemand

Guillaume II sait mieux que personne que la guerre est l'industrie nationale de la Prusse et a élevé sa dynastie et fondé son Royaume et son Empire. Il sait que le Zollverein, union douanière avec la Prusse, a rattaché à cet Etat les autres Etats de l'Allemagne et a créé la Confédération germanique. Cette formation de l'unité nationale de l'Allemagne a préparé la formation de son unité politique qui s'est réalisée, par la guerre, sous la direction des Hohenzollern.

La secrète pensée de Guillaume II, le grand projet qu'il médite, c'est d'englober dans le Zollverein la Belgique, la Hollande et le Danemark, de les tenir d'abord par un lien économique solide et de les incorporer ensuite, de gré ou de force, dans l'Empire allemand où ces trois petits Etats conserveront, s'il leur convient, leur autonomie apparente, leur système de gouvernement, leur législation particulière comme la Bavière, la Saxe, le Wurtemberg. La puissance de l'Allemagne en recevrait un développement prodigieux et le Kaiser serait célébré homme de génie. L'installation de l'Allemagne à Zeebrugge, à Anvers, à Rotterdam, à Amsterdam, dans le Jutland et à Copenhague, complétant celle de la conquête de Dunkerque et de Calais, lui permettrait de régler enfin un vieux compte avec l'Angleterre, avec « Carthage » comme le Kaiser aime à le dire dans l'intimité.

La réalisation de ce plan exigeait l'écrasement préalable de la France et de la Russie. Le Kaiser suppute ses chances, croit jouer la partie à coup sûr ; il tombera à l'improviste sur ses adversaires.

IV. — GUILLAUME II DECLARE AU ROI DE BELGIQUE QUE LA GUERRE EST INEVITABLE ET PROCHAINE.

Deux documents lumineux et irréfutables achèvent de nous édifier sur les intentions de Guillaume II et le montrent résolu à la guerre et n'en dissimulant pas le dessein. Dans un rapport au ministre des Affaires étrangères, en date du 22 novembre 1913, (*Livre jaune,* page 20) M. Jules Cambon, ambassadeur de France à Berlin, rend compte de la confidence qui lui a été faite d'une conversation entre le roi des Belges et l'empereur d'Allemagne, en présence du chef d'État-Major, le général de Moltke.

Dans la *Revue des Deux Mondes* du 1er mars 1915, M. le baron Beyens, ministre de Belgique à Berlin de juin 1912 à août 1914 et ministre des Affaires étrangères de Belgique de juillet 1915 à 1917, relate que cette conversation des deux souverains fut rapportée à l'ambassadeur de France : « Cela fut fait, mentionne-t-il, dans le seul espoir que la catastrophe d'une guerre entre la France et l'Allemagne pourrait être encore écartée et pour nous inviter à être prudents et forts. »

Témoignage du ministre de Belgique à Berlin

M. le baron Beyens parle en parfaite connaissance de cause, car c'est lui-même que le roi des Belges a chargé de faire la confidence à M. Cambon. Son témoignage prend la valeur d'un récit historique ; la postérité le retiendra pour confondre l'imposture de Guillaume II. Depuis qu'il a encouru la défaite, l'ex-empereur d'Allemagne jure qu'il n'a pas voulu la guerre ; ses déclarations au roi Albert autant que ses actes antérieurs et postérieurs démontrent au contraire qu'il l'avait préméditée de longue date et qu'il n'hésitait pas à avouer ses projets, tellement il se croyait sûr du succès. Voici le sobre et saisissant récit de M. le baron de Beyens :

Au lendemain d'Agadir, la guerre avec la France avait pris tout à fait dans l'esprit de Guillaume II l'aspect d'une nécessité inéluctable. Le 5 et le 6 novembre 1913, le roi des Belges fut son hôte à Potsdam, en revenant de Lunébourg où il avait fait une visite de courtoisie et d'usage au régiment de dragons dont il était le chef honoraire. Pendant ce séjour, *l'Empereur annonça au roi Albert que la guerre avec la France était, à ses yeux, inévitable et prochaine* ». Guillaume II se disait en même temps assuré de la victoire.

Le général de Moltke, chef de l'état-major, eut, le 6 novembre, après le dîner auquel l'empereur avait convié, en l'honneur de son hôte, les personnages officiels allemands présents à Berlin, un entretien avec le roi Albert. Il s'exprima dans les mêmes termes que son souverain à l'égard de la France et au sujet de la *nécessité d'une guerre prochaine*, insistant encore plus vivement sur la certitude du succès, en raison de l'enthousiasme avec lequel la nation germanique tout entière se lèverait pour repousser l'ennemi traditionnel.

Le général de Moltke tint les mêmes propos menaçants à l'attaché militaire belge qu'il avait comme voisin de table, le même soir. Il ne se montra pas plus réservé dans la suite, m'a-t-on ai., avec d'autres attachés militaires qu'il honorait de sa confiance ou qu'il voulait impressionner. — *(Revue des Deux Mondes, du 1er mars 1915.)*

M. le baron Beyens pressentait le danger suspendu sur son pays et sur le monde entier et dévoilant la pensée de guerre et le but des déclarations de Guillaume II et de son chef d'Etat-Major général, il les a caractérisées en ces termes : « C'était une invitation à se jeter dans les bras du plus fort ». Le roi des Belges dédaigna cette cynique invitation à adultérer la neutralité de la Belgique. Neuf mois après, le César germanique le sommait brutalement d'ouvrir la route au passage de ses armées et consommait son odieux attentat à l'indépendance et à la neutralité d'un pays qu'il avait garanties.

V. — GUILLAUME II, FRANÇOIS-JOSEPH ET FRANÇOIS-FERDINAND.

Guillaume II ne pouvait rien tenter sans le concours de son alliée l'Autriche-Hongrie. Une légende absurde s'était formée au Parlement et dans les journaux en France et en Angleterre : on y affirmait que François-Joseph, le souverain octogénaire de l'empire austro-hongrois, répugnait à toute aventure et voulait terminer ses derniers jours dans la paix ; on représentait son neveu, l'archiduc héritier François-Ferdinand, comme un homme qui n'avait pas de vues politiques précises et qui n'aspirait qu'à éviter les troubles devant inévitablement se produire le jour où il succéderait à son oncle. La vérité détruit cette fable.

François-Joseph et François-Ferdinand, aujourd'hui couchés dans la tombe, ont été les complices de Guillaume II, ont voulu la guerre comme lui. Chacun d'eux poursuivait des buts différents.

La politique balkanique de François-Joseph

L'empereur François-Joseph s'est jeté dans la politique balkanique pour compenser la perte de ses provinces d'Italie. Son entourage lui a répété avec insistance : « De nouvelles provinces slaves, la Bosnie, l'Herzégovine, accueilleront avec allégresse celui qui les délivrera du joug turc ; ainsi sera agrandi le domaine de la maison des Habsbourg ».

François-Joseph avait rapporté du Congrès de Berlin

(1878) le droit d'occuper et d'administrer la Bosnie et l'Herzégovine. La préoccupation de les annexer devient l'objectif de sa politique et le met à la merci de l'Allemagne. Il profite de la chute d'Abdul-Hamid (juin 1908) et des embarras de l'installation du parti Jeune-Turc et il proclame l'annexion de ces deux provinces (6 octobre).

La Serbie proteste. Tous les États balkaniques se sentent menacés par l'Autriche-Hongrie qui annonce son intention de poursuivre ses avantages et d'entreprendre le raccordement par rail, à travers les Balkans, de Vienne à Salonique. Le Cabinet russe essaie de traîner les choses en longueur et de faire échec à l'annexion. L'Allemagne intervient alors brutalement.

Le 11 mars 1909, M. de Pourtalès, ambassadeur de Guillaume II à Pétrograd, invite la Chancellerie russe à cesser sa résistance, lui déclare que son gouvernement soutiendra jusqu'au bout les prétentions de Vienne. A cet instant décisif, l'Allemagne jette dans la balance sa puissance militaire au profit de l'allié autrichien et de la politique orientale du germanisme. La Russie pacifique s'incline, reconnaît l'annexion et décide la Serbie à en faire autant. François-Joseph en conçoit une violente irritation contre les Serbes qui ont osé s'opposer à ses desseins et un passionné désir de châtier l'audacieux petit peuple grandit en lui.

Contre les Serbes

En octobre 1912, la Serbie, la Bulgarie, la Grèce et le Monténégro partent en guerre contre la Turquie. L'Autriche compte que les Turcs battront aisément les Serbes ; c'est le contraire qui arrive. Nouvelle déconvenue : l'Autriche incite le roi de Bulgarie à attaquer par traîtrise ses alliés de Serbie et de Grèce (29 juin 1913) ; les Bulgares sont repoussés et défaits, la Roumanie s'ébranle contre eux, le traité de Bucarest (9 août) impose à la Bulgarie les conditions du vainqueur.

Le même jour, l'Autriche, exaspérée de la déconfiture du Cobourg de Sofia, veut se jeter sur les Serbes , ainsi qu'il appert de la déclaration suivante faite, le 5 décembre 1914, à la Chambre des Députés d'Italie, par l'ancien président du Conseil, M. Giolitti : « L'Autriche a communiqué (9 août 1913), à nous et à l'Allemagne, son intention d'agir contre la Serbie et définit une telle action comme défensive, espérant appliquer le *casus fœderis* de la Triple Alliance, qu'au contraire je crois inapplicable ».

L'Allemagne n'a pas terminé ses préparatifs et elle conseille à l'Autriche de patienter et d'attendre une meilleure occasion. L'Autrichien maugrée et continue ses armements.

Dans les Balkans en 1912

La propagande allemande a exploité depuis 1919 les révélations des Archives russes pour dénaturer le rôle de la politique française pendant la guerre balkanique. Le *Livre Jaune* (de janvier 1912 à l'armistice de Tchataldja, tome 1ᵉʳ), fait justice de cette légende et montre que notre diplomatie dirigée par M. Poincaré a multiplié les efforts tout d'abord pour conjurer la guerre, ensuite pour la localiser.

Nos ennemis prétendent que la coalition balkanique entre la Bulgarie, la Serbie, la Grèce et le Monténégro fut scellée lors du voyage de M. Poincaré à Pétersbourg, au mois d'août 1912. Or, lorsqu'on le mit au courant des conventions déjà signées depuis le mois de février précédent entre la Serbie et la Bulgarie, M. Poincaré s'écria : « Mais c'est une convention de guerre ! » (*Livre Jaune*, nº 57). On ne pouvait marquer plus nettement la désapprobation formelle de ce pacte.

M. Poincaré et la mauvaise foi allemande

On invoque, en outre, contre la politique française en 1912, le *Livre Blanc* allemand, qui fait état d'une dépêche de M. Iswolsky, ambassadeur russe à Paris, écrite en septembre 1912, à la suite d'un entretien avec M. Poincaré où celui-ci aurait dit : « Si le conflit avec l'Autriche entraînait une intervention armée de l'Allemagne, le gouvernement français reconnaît *à l'avance* que ce serait là un *casus fœderis* ». Le *Livre Blanc* fait déjà état des fameuses archives tsaristes éditées par M. René Marchand dans le *Livre Noir*.

Or, les documents russes publiés par un ancien secrétaire de l'ambassade de Russie à Londres (voir *von Siebert*, page 792, reproduisent le compte rendu écrit au mois d'août 1912 par M. Sazonoff, ministre des Affaires étrangères de Russie, de sa conversation avec M. Poincaré. Voici la traduction de la partie de l'entretien relative à la mise en jeu du *casus fœderis* :

M. Poincaré crut nécessaire d'accentuer que l'opinion publique française ne permettrait pas qu'on en appelât aux armes pour des affaires purement balkaniques si l'Allemagne n'y participait pas et *ne provoquait pas elle-même le casus fœderis*, auquel cas naturellement la Russie pourrait compter sur la pleine et entière exécution des obligations contractées par la France envers elle.

On voit la bonne foi du *Livre Blanc* allemand.

Ayant à choisir entre la version du ministre des Affaires étrangères russe et celle d'un ambassadeur de Russie, ses préférences vont à la seconde, à cause de ce mot « à l'avance » *von Vornherein*. Et l'ex-empereur Guillaume a, lui aussi, mis en relief cette accusation dans ses *Tableaux synoptiques d'histoire comparée*, publiés en 1921, qui constituent la part impériale à l'œuvre de propagande allemande.

Le *Livre Jaune* de 1912 (voir n°s 246 à 264) rectifie, d'après les documents authentiques du quai d'Orsay, la légende qu'on essayait de créer en pays neutre et qui tendait à faire de M. Poincaré un instrument occulte de la politique de M. Iswolsky.

L'opinion neutre a vu dans la guerre balkanique de 1912 le prélude de la guerre mondiale qui éclata pour les mêmes intérêts slaves dans les Balkans et par une offensive de l'Autriche-Hongrie contre la Serbie, offensive que M. Poincaré put conjurer en 1912. La confrontation des documents redresse de regrettables erreurs et restitue la vérité historique à l'honneur de la France.

Pour juger l'esprit dans lequel s'exerça l'action du gouvernement français pendant la guerre balkanique, il importe de consulter le *Livre Jaune*, n°s 82, 88, 98, 101, 102, 264. Il en ressort avec évidence que le plus grand objectif de la politique française fut d'éviter que la Triple Entente s'opposât à la Triplice durant cette dangereuse crise.

Autour de l'empereur d'Autriche

A la suite du conflit balkanique, un double courant entraîne l'Autriche-Hongrie à la guerre. Le premier remorque le vieil empereur François-Joseph : l'archiduc héritier François-Ferdinand conduit le second.

Un entourage de cour familial, politique, militaire et diplomatique, circonvient le souverain octogénaire, le prend à son endroit sensible, lui tient avec insistance ces raisonnements :

« — La défaite de la Bulgarie et l'agrandissement de la Serbie enferment l'Autriche-Hongrie dans le cul-de-sac de la Bosnie-Hongrie, barrent la route de Salonique à l'impérialisme autrichien. Les victoires serbes ont, parmi les populations yougo-slaves de l'empire, un immense retentissement. Un État slave indépendant grandit aux portes de la monarchie et s'accroîtra à ses dépens. Depuis 1905, en Croatie, le parti de la « Coalition serbo-croate » se développe, acquiert la prépondérance. Les Serbes de Bosnie-

Herzégovine observent avec sympathie cette tendance et tournent leurs regards vers Belgrade. Il faut détruire le foyer serbe qui attise l'incendie. »

Ce langage frappe François-Joseph, le convainc. Cette agitation de ses provinces de Croatie, de Bosnie-Herzégovine, qui s'étend même à la Dalmatie, l'inquiète, l'irrite ; il y voit le prélude d'un vaste mouvement de révolte contre son autorité, comme une menace à cette intégrité des États de sa maison dont la conservation est devenue le but de sa vie et la loi de sa politique. Lentement, il conçoit et caresse le projet d'en finir avec la Serbie : ou elle se soumettra à ses conditions et il humiliera la Russie, ou la guerre.

VI. — LA GUERRE PRÉVENTIVE.

M. de Tschirsky, l'homme de confiance de Guillaume II et son ambassadeur à Vienne, le tient au courant des intrigues de cour et de l'état d'esprit de François-Joseph. La volonté de faire la guerre guide l'empereur d'Allemagne ; il en accélère les préparatifs et, au printemps de 1914, il ne lui reste qu'à en fixer la date et à lancer son peuple.

La presse germanique est disciplinée comme un régiment et suit, en politique étrangère, la voie que lui trace la chancellerie de Berlin. Dans la première quinzaine de mars, tous les grands journaux allemands, le *Berliner Tagblatt*, la *Gazette de Cologne*, la *Germania*, la *Post*, etc., commencent à malaxer, à monter l'opinion et développent la théorie de la « guerre préventive contre la Russie » à propos de la réorganisation de son armée que cette puissance aurait terminée en 1917. Les journaux de Vienne et de Budapest entonnent le même air. Ce chœur de reptiles feint la surprise et l'indignation et invoque la nécessité de terrasser le colosse russe avant qu'il soit prêt aux combats. La presse de Russie, qui ne s'explique pas cette levée de boucliers, réplique avec aigreur.

Les entrevues de Vienne, de Miramar et de Konopicht

Le 24 mars, Guillaume II arrive à Vienne et s'entretient longuement avec le vieil empereur dont il constate l'idée fixe de mater la Serbie ; en le quittant, il se rend au château de Miramar (28 mars) où l'attend l'archiduc héritier François-Ferdinand, le futur maître de l'Autriche, autour duquel se groupent toutes les forces jeunes de la monarchic et qui, depuis plusieurs années, fait sentir de plus en plus son autorité sur l'armée, la diplomatie et la bureaucratie de l'empire.

M. Georges Skorowsky, secrétaire au ministère de la défense nationale à Prague, a publié en février 1919 de curieuses révélations sur cet épisode de Miramar. Comme François-Ferdinand se lamentait au sujet des difficultés que créaient les Slaves, Guillaume II lui tapa sur l'épaule et lui dit : « Cette année ne s'écoulera pas sans que nous combattions coude à coude ; ensuite, nous pulvériserons les Slaves ».

D'autres renseignements ont complété le récit de M. Skorowsky. Les deux complices se sont mis d'accord : la guerre sera déclarée pendant l'été à une date et sur un prétexte qu'ils se réservent de choisir dans une entrevue ultérieure. Cette entrevue a lieu le 12 juin, au château de Konopicht, où Guillaume II se rend accompagné du général de Moltke, chef de l'Etat-Major général de son armée, et de l'amiral von Tirpitz, ministre de sa marine.

Quelques jours après, François-Ferdinand part pour la Bosnie-Herzégovine où il va passer en revue trois corps d'armée à effectifs renforcés. C'était à ses yeux une dernière inspection avant la mobilisation générale qu'il aurait un peu plus tard ordonnée et ainsi s'explique son propos à son cousin le roi d'Espagne : « Impossible de l'inviter cette année aux manœuvres ; les fusils seront chargés à balles ». Le 28 juin, il est assassiné à Sarajevo avec sa femme par deux Bosniaques, nés en Serbie. Ce crime fournit à Guillaume II et aux dirigeants d'Autriche-Hongrie, confidents de l'archiduc héritier, le prétexte à tomber sur la Serbie et à allumer l'incendie qui a dévoré l'Europe.

Les préparatifs militaires de l'Autriche

On peut dire que, depuis l'annexion de la Bosnie-Herzégovine (1908) l'Autriche-Hongrie s'est trouvée en mobilisation permanente. Sous la forte impulsion de François-Ferdinand, la double monarchie est conduite à la guerre et la prépare avec fièvre.

Malgré les embarras financiers, les effectifs militaires sont augmentés et la construction de cuirassés hâtivement poussée. L'archiduc héritier fait mettre à l'écart les chefs de l'armée qui ne possèdent pas sa confiance. La réfection du matériel d'artillerie de campagne est poursuivie avec célérité. En Bohême, le grand arsenal de Skoda active la fabrication d'une artillerie lourde dont la puissance et la mobilité révèleront leurs effets foudroyants à Liége, à Namur, à Maubeuge, etc., et qui sauvera les Turcs aux Dardanelles.

A Budapest, le comte Tisza, l'homme à poigne du magyarisme, a remplacé les ministres suspects de complaisance pour la Triple-Entente. A Vienne, François-Ferdinand a placé ses créatures, le général Conrad de Hœtzendorff à la tête de l'Etat-Major général, le comte Berchtold au ministère des Affaires étrangères de la double monarchie.

Les buts de guerre de François-Ferdinand

De même que Guillaume II pour l'Allemagne, François-Ferdinand avait son plan particulier, ses projets de restauration et d'agrandissement de l'Autriche-Hongrie dont il allait ceindre la double couronne, et ses buts de guerre. L'alliance avec l'Allemagne servait ses desseins, mais il entendait traiter d'égal à égal avec Guillaume II. Descendant de l'antique lignée des Habsbourg, il en avait la morgue et l'orgueil de race et il considérait les Hohenzollern comme des parvenus dont il reconnaissait la puissance et rejetait la tutelle.

Dans la *Grande revue* de février 1915, M. Jonesco, le clairvoyant homme d'Etat roumain, a fourni sur les projets de François-Ferdinand des détails précis qu'il affirme tenir de la meilleure source et qu'on peut résumer ainsi : couper court aux difficultés nationalistes de son empire en lui donnant une sorte de constitution fédérative impériale ; incorporer immédiatement à l'Autriche une partie de la Serbie et prendre Salonique ; faire entrer, sous la forme d'Etats confédérés, la Roumanie et la Bulgarie dans la monarchie austro-hongroise, à l'instar de la Bavière dans l'empire allemand ; y déterminer la Roumanie en lui offrant la Bessarabie et l'Ukraine jusqu'à Odessa, la Bulgarie en lui accordant le reste de la Serbie et en l'installant aux dépens de la Grèce sur la ligne de la Strouma avec les débouchés de Sérès et de Cavalla.

Ce plan, qui n'avait rien d'illogique, présentait aux yeux de l'archiduc héritier cet autre avantage d'apporter à l'Autriche un contrepoids aux prétentions de la Hongrie et de diminuer l'influence des Magyars qui l'horripilaient par leur turbulence et par leur ton comminatoire et leur chantage perpétuel à l'égard de Vienne.

VII. — APRES LE DRAME DE SERAJEVO.

Des deux principaux auteurs de la guerre, Guillaume II et François-Ferdinand, qui ont calculé longuement les avantages qu'elle leur vaudrait, le second a disparu avant de la déchaîner. Guillaume II et la clique austro-hongroise ont profité de l'assassinat pour chercher noise à la Serbie et bouter le feu à l'Europe. On aurait découvert un autre grief si l'attentat n'avait pas eu lieu. On l'aurait probablement déniché en Serbie, à l'occasion d'un des nombreux différends laissés intentionnellement en suspens avec le Cabinet de Belgrade. L'affaire des faux Friedjung, les procès d'Agram et de Banjaluka et le burlesque incident de Prochaska (1912) témoignent que la diplomatie autrichienne sait combiner les plus viles machinations contre un adversaire.

La comédie qui se joue à Berlin et à Vienne

Dès le drame de Serajevo, une odieuse comédie se passe dans les coulisses. Guillaume II en est l'ordonnateur. De Kiel, où il a appris le crime, il se rend à Berlin. Il ordonne à son ambassadeur à Vienne, de Tschirsky, de se concerter avec les comtes Berchtold et Tisza.

La publication Kaustky nous apprend que, le 30 juin, Tschirsky envoie un rapport qui est communiqué à Guillaume II, le 2 juillet, et rendu par ce dernier aux Affaires étrangères, le 4 juillet, avec des annotations marginales qui sont des indications édifiantes de son état d'esprit et des instructions formelles à son gouvernement. L'ambassadeur écrit : « J'entends ici, même chez des gens sérieux, le vœu répété qu'on *règle une fois à fond le compte des Serbes* ». Note marginale de Guillaume II : « *Maintenant ou jamais* ». — Tschirchsky explique ensuite qu'il dissuade les Autrichiens de démarches précipitées. Le Kaiser, furieux, observe et ordonne en marge : — « Qui l'y a autorisé ? C'est très bête. Que Tschirsky me fasse le plaisir de laisser toutes ces absurdités. *Il faut en finir avec la Serbie, et en finir bientôt* ».

Sous prétexte que les deux assassins de l'archiduc étaient de race serbe, quoique Bosniaques et sujets de François-Joseph, on s'empresse de rejeter la responsabilité du crime sur la Serbie. Tous les journaux austro-allemands crient haro sur elle et tiennent au reste de l'Europe un langage comminatoire. L'opinion publique des deux empires centraux est montée au diapason de guerre. M. Sazonoff, ministre des Affaires étrangères de Russie, en conçoit des appréhensions et avertit l'ambassadeur d'Autriche à Pétrograd « que le gouvernement russe ne saurait accepter que l'assassinat de Serajevo servît de prétexte à une action sur territoire serbe ». — (*Livre Jaune*, page 23).

La pression sur François-Joseph

Berlin tisse la trame à Vienne. François-Joseph, courroucé contre la Serbie, subit aisément la pression de ses proches et de ses conseillers. On lui représente que la possession de la Bosnie-Herzégovine sera compromise si l'agitation proserbe n'est pas définitivement annihilée et le petit royaume voisin châtié et absorbé par l'Autriche-Hongrie. Il accepte le principe d'une exécution militaire et charge le comte Hoyos, chef du cabinet du comte Berchtold, de se rendre d'urgence à Berlin et de remettre à Guillaume II un pro-memoria et une lettre autographe réclamant le concours de l'Allemagne pour l'entreprise qu'il projette.

La Conférence de Potsdam

Guillaume II en prend connaissance à Potsdam dans la matinée du 5 juillet et fait déjeuner avec lui seul, le même jour, le comte Szvegyény, ambassadeur d'Autriche-Hongrie à Berlin, qui télégraphie immédiatement à Vienne le résultat de l'entretien : « L'Empereur, écrit-il, m'a autorisé à faire savoir à notre gracieux Souverain que *nous pouvions, même en cas de* complication européenne grave, *compter sur l'appui complet de l'Allemagne*. Si nous reconnaissions vraiment la nécessité d'une action contre la Serbie, *il regretterait de nous voir laisser échapper, sans l'utiliser, l'occasion présente si favorable pour nous* ». Le comte Szvegyény au comte Berchtold (très secret). (*Documents publiés par la République d'Autriche*, 1919, n° 6.)

Après avoir ainsi mis le feu sous le ventre de l'Autriche, le Kaiser va étendre l'incendie à l'Europe ; il convoque et préside avant le dîner une sorte de Conseil de la Couronne, conseil de guerre et complot de conspirateurs, auquel assistent le chancelier de Bethmann-Holweg, le sous-secrétaire d'Etat aux Affaires étrangères Zimmermann, les représentants de ses états-majors et son ambassadeur à Constantinople Wangenheim, mandé à Berlin après l'attentat de Serajevo.

A ce Conseil, la situation diplomatique et militaire est traitée à fond. On va résolument au devant de la guerre.

— 25 —

Revenu à Constantinople, M. de Wangenheim a raconté à son collègue M. Morgenthau, ambassadeur des Etats-Unis, que la délibération avait été courte et que l'Empereur avait posé cette question aux chefs de l'état-major et de la marine : « Etes-vous prêts pour la guerre ? » Tous avaient répondu oui. — Morgenthau, *Mémoires*, p. 81.)

Un télégramme spécial informe l'empereur d'Autriche que l'Allemagne approuve et appuiera énergiquement toutes les réclamations de son allié.

Manifeste de l'empereur d'Autriche

François-Joseph affermit alors sa résolution. Le lendemain 6 juillet, il signe un manifeste à l'armée et à la flotte où il est dit : « Je suis convaincu que, dans toute situation difficile, l'Autriche-Hongrie peut compter *pour sa défense*, sur son armée et sur sa flotte, inébranlablement fidèles à leur devoir ».

Pour sa défense ! Qui donc pensait à attaquer l'Autriche-Hongrie ? Ce ton étonne, mais n'émeut pas l'Europe qui continue à se bercer de la légende de l'empereur octogénaire voulant à tout prix terminer ses vieux jours dans la paix. Le comte Berchtold tient à Vienne un langage rassurant au corps diplomatique et le comte Tisza au Parlement de Budapest.

Le Conseil des ministres d'Autriche-Hongrie

Et cependant la guerre est déjà décidée à Vienne. Le 7 juillet, à 11 heures, le comte Berchtold convoque un Conseil des ministres auquel il soumet les rapports qui lui sont parvenus de Berlin. Le compte rendu s'exprime en ces termes :

Le président, le comte Berchtold, ouvre la séance en disant que « tout d'abord on doit s'assurer si le moment n'est pas venu de mettre pour toujours la Serbie hors d'état de nuire par une manifestation de force. Un pareil coup décisif ne pouvait pas être exécuté sans préparation diplomatique ; c'est pourquoi il avait pressenti le gouvernement allemand Les conversations à Berlin avaient abouti à un résultat très satisfaisant, vu que l'empereur Guillaume et aussi M. de Bethmann-Hollweg nous avaient assurés énergiquement de leur appui sans réserves, au cas de complications armées contre la Serbie. » — (*Documents autrichiens*, pièce n° 8.)

En effet, le gouvernement autrichien connaissait les dispositions de Guillaume II non seulement par le comte Szœgeny, son ambassadeur à Berlin, mais aussi par le télégramme que le chancelier avait envoyé à son ambassadeur à Vienne, où il était dit :

L'empereur François-Joseph peut être certain que S. M., conformément à ses obligations d'alliance et à sa vieille amitié se tiendra fidèlement aux côtés de l'Autriche-Hongrie. — (*Kautsky*, pièce n° 15. Tome I.)

Après une longue délibération, les ministres furent d'avis qu'il ne suffisait pas d'humilier la Serbie, mais qu' « il fallait formuler des exigences tellement étendues qu'un refus serait à prévoir, afin qu'une solution radicale par la voie d'une intervention militaire fût entamée ». Cette résolution prise, on prévoit si bien la résistance de la Russie à cet attentat que le ministre de la guerre Krobatin pose au chef d'état-major de Hotzendorff cette question : « Où engagerait-on les hostilités contre la Russie ? » — (*Documents autrichiens de la guerre*. Vienne, 1919.)

VIII. — GUILLAUME II DONNE LE CHANGE A L'EUROPE

La Triple Entente est à la veille de la guerre et ne s'en doute pas. Afin de l'endormir jusqu'au bout dans une fausse sécurité et de lui laisser croire que l'affaire serbe s'arrangera facilement, Guillaume II part, le 6 juillet, de Kiel, pour sa croisière accoutumée sur les côtes de Norvège. La mèche est allumée, l'artificier s'éclipse.

La presse des deux empires centraux annonce avec fracas ce voyage et cesse subitement ses virulents commentaires de l'assassinat de François-Ferdinand. Les chancelleries européennes en concluent que si l'empereur germanique s'éloigne, l'orage près de fondre sur la Serbie s'éloigne aussi. Le changement d'attitude des reptiles berlinois et viennois achève de les rasséréner. Le gouvernement britannique ne renvoie pas à Berlin son ambassadeur déjà en congé. A Vienne, des diplomates, parmi lesquels l'ambassadeur de Russie, prennent, comme d'habitude, leurs vacances annuelles.

Guillaume II décide François-Joseph à signer l'ultimatum

Et cependant, le drame commence dans la coulisse. L'ambassadeur allemand Tschirsky, zélé exécuteur des volontés de son maître surveille l'élaboration de l'ultimatum à la Serbie que rédigent les comtes Berchtold, Tisza, de Sturgkh, le général de Hotzendorff et le baron Musolini. (*Livre de Rœdarich Goss*, p. 91 à 101, et *Documents autrichiens de la guerre*, n°ˢ 19, 21, 26.) Ces personnages remanient l'ultimatum trois à quatre fois afin que sa teneur empêche le gouvernement serbe de souscrire aux conditions stipulées. Le résumé est soumis par télégraphie sans fil à Guillaume II à bord de son yacht.

François-Joseph pourrait avoir, à la dernière heure, des appréhensions et des hésitations. Le Kaiser lui envoie une lettre autographe pour le réconforter et l'assurer que l'ultimatum a sa complète approbation et qu'il donnera à son fidèle allié son entier concours contre tous adversaires. Cette lettre parvient le 14 juillet à l'empereur d'Autriche qui signe l'ultimatum le surlendemain.

La haute finance germanique est dans le secret de guerre des gouvernements austro-allemands

Les agences télégraphiques autrichiennes annoncent que l'instruction du procès des meurtriers de Serajevo avance. Le bruit se répand que l'Autriche prépare une note à la Serbie dont cette puissance est alarmée. La haute finance allemande, qui est instruite des intentions et des préparatifs de guerre du gouvernement allemand, allège ses positions et vend quantité de titres en Allemagne et sur les places étrangères.

Le 16 juin, après l'entrevue de Konopicht et sur l'ordre de Guillaume II, M. Havenstein, président de la Reichsbank, avait réitéré aux banques allemandes des avis pressants les invitant à réduire leurs engagements et à augmenter leurs encaisses métalliques.

Le 20 juillet, une baisse générale des valeurs se produit à la bourse de Berlin et s'accentue le lendemain.

Paris, Londres et Saint-Pétersbourg, tout à leurs rêveries pacifiques, manifestent de la surprise. Le 22 juillet, leur optimisme reçoit une secousse. Les agences communiquent le résumé d'une circulaire confidentielle d'un des plus importants établissements financiers d'Allemagne, la *Dresdner Bank*, qui connaît les projets des chancelleries de Vienne et de Berlin. Dans cette circulaire, la *Dresdner Bank* déclare « qu'en raison des renseignements qui lui parviennent d'Autriche et qui ne lui permettent pas de croire à un règlement pacifique du différend austro-serbe, elle a cru devoir conseiller à sa clientèle de vendre titres et actions de toutes sortes, par mesure de prudence ».

A Paris, on signale, notamment, de fortes ventes opérées pour le compte d'intermédiaires de Vienne et de Berlin.

La *Dresdner Bank* et ses congénères germaniques n'étaient que trop bien renseignés sur la machination austro-allemande.

IX. — L'ULTIMATUM A LA SERBIE

La diplomatie de l'Entente a commencé à s'émouvoir. Le 21 juillet, les ambassadeurs de France et de Russie à Berlin demandent au ministre des Affaires étrangères, M. de Jagow, s'il connaît le contenu de la note de l'Autriche à la Serbie ; ce dernier répond qu'il l'ignore. Notre représentant, M. Jules Cambon, lui exprime « son étonnement d'une déclaration aussi peu conforme à ce que les circonstances conduisent à penser ». — (*Livre Jaune*, page 27.)

La note autrichienne est remise à Belgrade le 23 juillet, à six heures du soir. L'ambassadeur d'Autriche-Hongrie la communique à notre ministère des Affaires étrangères le lendemain 24 juillet, à 10 heures 1/2 du matin. Le même jour, à 5 heures, M. de Schœn, ambassadeur d'Allemagne à Paris, déclare à M. Bienvenu-Martin, ministre des Affaires étrangères par intérim, que le gouvernement allemand approuve la note de l'Autriche et « estime que la question actuelle est une affaire à régler exclusivement entre l'Autriche-Hongrie et la Serbie, toute intervention d'une autre puissance devant, par le jeu naturel des alliances, provoquer des conséquences incalculables ».

Sagement, M. Bienvenu-Martin engage le gouvernement serbe à accepter les demandes de l'Autriche dans tout ce qu'elles peuvent avoir d'admissible et à proposer de soumettre la question à l'arbitrage de l'Europe. La Russie et l'Angleterre donnent les mêmes conseils à Belgrade.

La farce autrichienne

Il importe d'abord d'obtenir une prolongation du délai de quarante-huit heures imparti à la Serbie. La Russie en fait la demande à la Chancellerie autrichienne le 25 juillet. Les gouvernements français et anglais télégraphient à leurs ambassadeurs à Vienne de s'associer à cette démarche. Mais la diplomatie autrichienne s'est arrangée pour éviter toute conversation gênante à cette heure critique et mettre l'Europe en présence du fait accompli. Le comte Berchtold est invisible ; il a pris la précaution de partir dans la matinée pour Ischl où il désire rester près de l'empereur jusqu'à la fin de la crise. « Le chargé d'affaires de Russie l'informe de la démarche qu'il a à remplir par deux télé-

grammes en clair, l'un en cours de route, l'autre à desti-
nation. Il n'en attend aucun effet. » (*Livre Jaune*, rapport
de M. Dumaine, page 53.)

Il n'est que trop évident que l'Autriche ne veut rien entendre et a hâte d'étrangler la Serbie.

Le double jeu de l'Allemagne et les mensonges de M. de Jagow

La Triple Entente a espéré que Guillaume II modérerait
son allié et elle intervient à Berlin, dès la remise de l'ultimatum à la Serbie. Mais l'Allemagne qui dirige de la coulisse le jeu, qui a guidé et poussé son partenaire autrichien,
s'interpose comme un écran entre l'Autriche-Hongrie qu'elle
couvre de sa protection et les puissances qu'elle berne et
éconduit. Sa duplicité s'étale avec audace.

Le 24 juillet, notre ambassadeur à Berlin visite M. de
Jagow, ministre des Affaires étrangères : « Je lui ai de-
mandé *si vraiment le Cabinet de Berlin avait totalement
ignoré les exigences autrichiennes avant qu'elles fussent
communiquées à Belgrade*, et, comme il me l'affirmait, je
lui ai manifesté ma surprise de le voir ainsi s'engager à
soutenir des prétentions dont il ignorait la limite et la por-
tée. » (*Livre Jaune*, rapport de M. Jules Cambon, page 44.)

M. de Jagow mentait comme il avait menti le 21 juillet
à son interlocuteur. Une dépêche de M. Allizé, ministre de
France à Munich, en date du 23 juillet, relate en effet cette
déclaration : « Le président du Conseil de Bavière m'a dit
aujourd'hui que la note autrichienne, *dont il avait connaissance*, était, à son avis, rédigée dans des termes accep-
tables pour la Serbie, mais que la situation actuelle ne lui
en paraissait pas moins très sérieuse. » — (*Livre Jaune*,
rapport de M. Allizé, page 31.)

Si, de son propre aveu, M. Hertling, président du Conseil
des ministres de Bavière, a connu la note autrichienne avant
sa remise à la Serbie, à plus forte raison a-t-elle été communiquée au ministre des Affaires étrangères d'Allemagne,
et la dénégation de M. de Jagow n'est qu'une impudente
altération de la vérité.

On a lu plus haut (page 21) la déposition si probante de
M. Morganthau. La vérité sort des archives. De nouveaux
témoignages irrécusables percent à jour le mensonge de
M. de Jagow. Le 18 juillet, le comte Lerchenfeld, ministre
de Bavière à Berlin, écrit à M. Hertling : « M. Zimmermann
m'a dit hier que la note à la Serbie contiendra les quatre
exigences suivantes. (Suivent les principales conditions de
l'ultimatum.) Et M. Lerchenfeld ajoute : « Il est éviden'

que la Serbie ne peut pas souscrire à ces exigences qui sont inconciliables avec sa dignité d'Etat indépendant ».

Ce témoignage est corroboré par cette dépêche que von der Thann, ministre de Bavière à Rome, a adressée le 30 juillet à M. Hertling : « L'Allemagne a eu connaissance préalablement de la note austro-hongroise à envoyer à Belgrade ». — *(Documents allemands de la guerre.)* — Rien de plus précis et de plus formel.

Preuves de la duplicité et de la préméditation austro-allemande

Nous avons, en outre, cette autre preuve officielle que l'Allemagne et l'Autriche se sont concertées pour rédiger l'ultimatum à la Serbie en tels termes qu'il déchaînât la guerre. L'ambassadeur allemand à Constantinople en a fait la confidence à l'ambassadeur d'Italie huit jours avant la remise de l'ultimatum à la Serbie. Voici la révélation faite à cet égard, par M. Barzilaï, ministre d'Etat italien, en présence de M. Salandra, président du Conseil, dans un discours qu'il a prononcé à Naples, le 26 septembre 1915 :

L'ambassadeur italien à Constantinople, le sénateur Garroni, a reçu le 15 juillet 1914, de l'ambassadeur allemand à Constantinople, baron de Wangenheim, une déclaration qui paraissait revêtir, dans les intentions de son collègue, un caractère confidentiel, mais qui était de nature trop essentiellement politique pour que, rentré en Italie, il n'ait pas senti le devoir de la communiquer au gouvernement.

L'ambassadeur d'Allemagne lui a dit, huit jours avant que la note à la Serbie ait été communiquée, *qu'elle serait de nature à rendre la guerre inévitable.*

M. de Wangenheim avait assisté, le 5 juillet, au Conseil de la Couronne de Potsdam. Sa confidence à M. le sénateur Garroni se trouve confirmée par le récit que celui-ci a fait à un attaché à l'ambassade des Etats-Unis à Constantinople ; en voici le résumé :

Londres, 4 août 1917. — Dans une lettre au *Times*, M. Lewis Einstein, ancien agent spécial de l'ambassade des Etats-Unis à Constantinople, déclare que le marquis Garroni, ancien ambassadeur d'Italie à Constantinople, lui rapporta avoir eu un long entretien, le 15 juillet 1914, avec le baron de Wangenheim, alors ambassadeur d'Allemagne en Turquie. Celui-ci, qui était rentré de Berlin le 14 juillet, lui annonça qu'il avait assisté en Allemagne à une conférence présidée par l'empereur Guillaume. La guerre y avait été décidée. Le meurtre de l'archiduc d'Autriche devait servir de prétexte au conflit européen. Le projet consistait à présenter un ultimatum à la Serbie dans quelques semaines et à lui déclarer ensuite la guerre dans les quarante-huit heures.

Voilà donc la démonstration de la duplicité et de la préméditation des larrons austro-allemands. Le discours de M. Barzilaï y a ajouté l'aveu même de la Chancellerie allemande qui a fait distribuer au Reichstag, dans la fameuse séance du 4 août 1914, un *Livre Blanc* où se trouve cette phrase : « Nous étions bien conscients qu'une action militaire éventuelle de l'Autriche-Hongrie contre la Serbie mettrait la Russie en cause et pourrait nous impliquer dans une guerre en raison de nos obligations d'alliée ».

C'est cette action militaire de l'Autriche, conséquence inéluctable de l'ultimatum à la Serbie, que l'Allemagne favorise avec persévérance pour déchaîner le conflit européen.

Joie et colère de Guillaume II

Guillaume II, à bord de son yacht, est un peu comme l'ogre qui flaire la chair ; il attend avec anxiété le télégramme qui lui annoncera la remise de l'ultimatum à la Serbie et consommera l'irréparable. Le télégramme lui est remis le 25 juillet à 11 h. 44 du matin. Le Kaiser ne se tient pas alors de joie ; il écrit en tête de la dépêche : « *Bravo !* » ; mais, au fur et à mesure qu'il poursuit sa lecture et apprend que les ministres de Serbie sont désemparés et n'ont pu encore arriver à prendre une décision, son front se renfrogne et sa colère s'allume à la pensée que les Serbes acceptent toutes les conditions et que la proie lui échappe.

Le carnassier écrit alors cette annotation à la fin du texte : « Combien le prétendu grand État serbe se montre creux. Il en est de même de tous les États slaves. *Rien que marcher ferme sur les pieds de cette canaille* ». Guillaume II fait transmettre le même jour ce joli mot d'ordre à Berlin où il arrive le lendemain et devient la consigne de son gouvernement. (Dépêches officielles annotées par l'Empereur. *Documents Kautsky.*)

X. — DELAI REFUSE A LA SERBIE

La Triple Entente multiplie en vain ses efforts pour maintenir la paix. Le 25 juillet, M. de Jagow répond évasivement à une demande du chargé d'affaires d'Angleterre pour intervenir à Vienne en vue de prévenir un conflit et de proïongei ïe délai de l'ultimatum..; il élude une pareille demande du chargé d'affaires de Russie.

Les larrons austro-allemands

L'Allemagne et l'Autriche-Hongrie sont arrivées à leurs fins. L'Autrichien, d'accord avec le compère allemand, a mis le couteau sur la gorge de la Serbie : ou l'acceptation complète des conditions de son ultimatum dans les quarante-huit heures ou la guerre. Pas une minute de répit n'est concédée. A l'expiration du délai imparti, le président du Conseil de Serbie apporte donc au ministre d'Autriche à Belgrade la réponse de la Serbie. Le petit pays s'humilie, cède sur tous les points, sauf deux petites réserves qu'il propose de remettre à la décision du Tribunal de La Haye.

Le Tribunal International de La Haye, la procédure d'arbitrage, et les règles de la conciliation ? L'Allemagne et l'Autriche s'étonnent qu'on ait la naïveté d'en évoquer le souvenir. Jadis, leurs diplomates ont signé et paraphé ces « chiffons de papier » qui leur ont servi à mystifier les démocraties pacifistes et crédules. Aujourd'hui les deux empires centraux sont prêts à fondre sur leurs voisins et violeront toutes les conventions du monde pourvu qu'ils atteignent leur but.

Le ministre d'Autriche à Belgrade prend à peine le temps de lire l'humble réponse de la Serbie et quitte précipitamment Belgrade.

A Berlin comme à Vienne, on n'éprouvait qu'une inquiétude : « C'est que la Serbie n'acceptât en bloc la note autrichienne. » — (*Livre Jaune*, rapport de M. Jules Cambon, page 54.)

Un télégramme de l'ambassadeur d'Autriche-Hongrie à Berlin montre le compère allemand poussant de toutes ses forces à la guerre le complice autrichien.

Comte Szœgyeny au ministre des Affaires étrangères
à Vienne.

Télégramme chiffré 285.

Berlin, 25 juillet 1914.

On suppose généralement ici que l'éventualité d'une réponse négative serbe sera suivie de notre part d'une immédiate déclaration de guerre et des opérations militaires.

On considérerait ici tout ajournement des opérations militaires comme très dangereux à cause d'intervention des autres puissances. On nous conseille avec la plus grande insistance (« drin-

gcndst ») *de passer immédiatement (« sofort »)* aux faits et de mettre ainsi le monde devant un fait accompli.

Cette dépêche explique la comédie que jouent les deux larrons Austro-Allemands et leur volonté de guerre.

L'Allemagne repousse le projet de médiation anglais

Le 26 juillet, M. Grey, ministre des Affaires étrangères d'Angleterre, propose de soumettre le conflit austro-serbe à la médiation de l'Angleterre, de l'Allemagne, de la France et de l'Italie ; la Russie et l'Autriche, puissances directement intéressées, restant à l'écart. La France, l'Italie, la Russie acceptent.

Le 27 juillet, l'ambassadeur d'Angleterre à Berlin en entretient le ministre des Affaires étrangères d'Allemagne qui décline la proposition. A notre ambassadeur qui appuie la démarche de l'Angleterre, M. de Jagow renouvelle son refus, « parce que ce serait instituer une véritable conférence pour traiter des affaires de l'Autriche et de la Russie », et comme M. Jules Cambon le presse de passer sur « une question de force et de travailler à une œuvre de paix », « M. de Jagow s'est dérobé en disant que l'Allemagne avait des engagements avec l'Autriche ». (*Livre Jaune*, rapport de M. Jules Cambon, page 75.)

M. de Jagow tient le même langage à l'ambassadeur d'Italie.

Un autre télégramme de l'ambassadeur d'Autriche-Hongrie à Berlin fait un jour complet sur les réelles intentions du gouvernement allemand et nous apprend que Berlin transmet pour la frime à Vienne les propositions de médiation anglaises dont il conseille de ne tenir aucun compte.

COMTE SZŒGYENY AU MINISTRE
DES AFFAIRES ETRANGERES A VIENNE

Télégramme chiffré (strictement secret) 307

Berlin, 27 juillet 1914.

Le secrétaire d'Etat vient de me déclarer positivement, mais sous le sceau du plus strict secret, que, très prochainement, des éventuelles propositions anglaises de médiation seront portées à la connaissance de Votre Excellence.

Le gouvernement allemand assure de la manière la plus convaincante (« auf das Bündigste ») qu'il ne s'identifie aucunement avec ces propositions, qu'il est absolument (« entschieden ») contraire à leur prise en considération, et qu'il ne (nous) les transmettra que pour tenir compte de la demande anglaise...

Tout commentaire serait superflu. La fourberie et la résolution guerrière de l'Allemagne éclatent en un saisissant relief.

Le 28 juillet, M. Sazonoff, ministre des Affaires étrangères de Russie, qui a proposé une conversation directe entre Pétersbourg et Vienne, constate que l'Autriche ne lui a pas répondu.

XI. — LES CALCULS DE L'AUTRICHE.

L'Autriche précipite les événements. Le 28 juillet, à midi, elle déclare la guerre à la Serbie ; elle fait commencer le bombardement de Belgrade le lendemain.

L'Allemagne, à la demande de l'Autriche, adresse une sommation à la Russie

La chancellerie autrichienne sait que la Russie n'assistera pas passive à l'écrasement du peuple serbe, mais elle ne veut pas prendre la responsabilité de la provoquer directement et d'ouvrir le conflit européen. Elle compte sur l'Allemagne pour lui rendre ce service et, dans la matinée, le comte Berchtold télégraphie à Berlin de sommer Pétersbourg de cesser ses préparatifs militaires.

Dans ce télégramme où le brillant second brille surtout par son hypocrisie et s'efface derrière l'Allemand, son chef de file, le comte Berchtold constate que « le ministre de la Guerre de Russie a fait savoir à l'attaché militaire allemand que les districts militaires faisant face à l'Autriche-Hongrie seraient mobilisés si nos troupes franchissaient la frontière serbe ». En conséquence, Berchtold « prie instamment le cabinet berlinois de faire observer à la Russie que la mobilisation des districts susdits équivaudrait à une menace dirigée contre l'Autriche-Hongrie et que, par suite, si cette mobilisation s'effectuait, la monarchie ainsi que son allié l'empire d'Allemagne seraient obligés d'y répondre par des mesures militaires extrêmes ». Ceci dit, Ponce-Pilate de Vienne ajoute : « Il me paraît indiqué qu'une telle démarche soit faite d'abord par l'Allemagne seule ; mais, bien entendu, nous serions prêts aussi à la faire à deux ». — (*Livre Rouge* austro-hongrois, pièce n° 42.)

Guillaume II qui est rentré le 27, dans la matinée, à Berlin, de sa croisière en Norvège, a pris aussitôt l'affaire en main et la mène rondement. Il ordonne à son ambassadeur en Russie de faire la démarche comminatoire dont voici le résultat.

Saint-Pétersbourg, 29 juillet. — L'ambassadeur d'Allemagne est venu déclarer à M. Sazonoff que si la Russie n'arrête pas ses préparatifs militaires, l'armée allemande recevra l'ordre de mobiliser.

M. Sazonoff a répondu que les préparatifs russes sont motivés d'un côté par l'intransigeance obstinée de l'Autriche ; d'autre part, par le fait que huit corps austro-hongrois sont déjà mobilisés.

Le ton sur lequel le comte de Pourtalès s'est acquitté de la notification a décidé le gouvernement russe, cette nuit même, à ordonner la mobilisation des treize corps destinés à opérer contre l'Autriche. — (*Livre Jaune*, rapport de M. Paléologue, page 103.)

La mobilisation partielle autrichienne entraîne
la mobilisation partielle russe

La mobilisation de ces treize corps d'armée n'était qu'une mesure de précaution urgente et indispensable que le souci de sa sécurité a imposée à la Russie. L'Allemagne a feint de s'en effaroucher, l'Autriche a affirmé n'avoir rien fait pour la provoquer. A leur habitude, les chancelleries de Berlin et de Vienne ont altéré la vérité. La mobilisation partielle autrichienne a précédé de quatre jours et déterminé la mobilisation partielle russe qui a été ordonnée dans la nuit du 29 au 30 juillet. En voici la preuve.

Dans la nuit du 25 au 26 juillet, les journaux de Hongrie ont publié trente-trois décrets ordonnant la mobilisation des corps d'armée de Prague, Leimeritz, Budapest, Gratz, Temesvar, Hermannstadt et Serajevo, la mobilisation éventuelle du corps d'armée de Raguse, la convocation de tout le landsturm, la militarisation du service des chemins de fer, des postes, télégraphes et téléphones, la nomination de commissaires royaux, la suspension des libertés constitutionnelles, etc.

Le décret ordonnant la mobilisation est daté du 24, lendemain du jour de la remise de l'ultimatum à la Serbie. Tous ces décrets qui remplissent de nombreuses pages des journaux hongrois avaient été préparés longtemps à l'avance ; ils ont été promulgués quelques heures après la remise de l'humble réponse de la Serbie à l'Autriche et ils fournissent une nouvelle preuve de la préméditation de l'agression germanique.

A la faveur de ces décrets, l'Autriche active ses préparatifs contre la Russie. Une dépêche de notre ambassadeur à Vienne en rend compte en ces termes, le 29 juillet : « Les divisions de cavalerie de Galicie mobilisent également ; des régiments, des divisions de cavalerie de Vienne et de Budapest ont déjà été transportés à la frontière russe ». (*Livre Jaune*, page 97.)

La Russie qui ne peut rester impassible devant cette menace annonce donc qu'elle va mobiliser les treize corps d'armée faisant face à l'Autriche. Et les compères austro-allemands osent s'en plaindre !

XII. — L'ALLEMAGNE ELUDE UNE NOUVELLE PROPOSITION DE MEDIATION DE L'ANGLETERRE.

La situation s'est aggravée. L'Angleterre fait, en cette journée du 29 juillet, une nouvelle et infructueuse démarche auprès de l'Allemagne.

A la demande des gouvernements français et russe, M. Grey, ministre des Affaires étrangères d'Angleterre, reprend à Berlin sa proposition d'intervention amicale des quatre puissances non directement intéressées : pour éviter toute nouvelle réponse dilatoire, il laisse au gouvernement allemand le choix de la forme sous laquelle cette intervention lui paraîtra applicable.

Le lendemain 30 juillet, M. de Jagow déclare que, pour gagner du temps, il va agir directement à Vienne en réclamant les conditions autrichiennes, et il élude ainsi définitivement la demande de M. Grey.

L'Allemagne propose un marché à l'Angleterre

La veille, dans la soirée, s'étaient passés des faits caractéristiques qui ne laissaient aucun doute sur la résolution de guerre de l'Allemagne.

Le 29 juillet, à cinq heures du soir, Guillaume II préside à Potsdam un Conseil de la Couronne qui arrête les dernières mesures diplomatiques et militaires devant entraîner la guerre. Le Conseil décide aussi qu'un effort ultime sera tenté pour obtenir la neutralité de l'Angleterre.

En conséquence, dans la nuit, M. de Bethmann-Hollweg, rentré de Potsdam, prie M. Goschen, ambassadeur d'Angleterre, de lui rendre visite. Le chancelier allemand abat ses cartes et, raconte M. Goschen, « offre une forte enchère pour s'assurer la neutralité de l'Angleterre ». (*Livre Bleu*, pièce n° 85.) En échange de cette neutralité, l'Allemagne promet : de respecter l'intégrité du territoire français, mais non de ses colonies ; de ne pas violer la neutralité des Pays-Bas si les adversaires de l'Allemagne en font autant. Quant à la Belgique, « les opérations que l'Allemagne pourrait se trouver dans la nécessité d'y entreprendre dépendraient de ce que ferait la France ; après la guerre, l'intégrité de la Belgique serait respectée si ce pays ne se rangeait pas contre l'Allemagne ». Le chancelier ajoute qu'il désire vivement « une entente générale de neutralité entre l'Allmagne et l'Angleterre », et il donne clairement à entendre que l'Allemagne paiera chèrement cette entente.

L'ambassadeur d'Angleterre fait à cette brutale proposition de partage du butin une réponse froide et il rend aussitôt compte de cet entretien au ministre des Affaires étrangères d'Angleterre qui lui télégraphie le 30 juillet :

Ce serait une honte pour nous que de passer ce marché avec l'Allemagne aux dépens de la France, une honte de laquelle la bonne renommée de ce pays ne se remettrait jamais.

Le Chancelier nous demande aussi de marchander toutes obligations ou intérêts que nous puissions avoir dans la neutralité de la Belgique. Nous ne pouvons en aucune façon accueillir ce marché non plus.

Ce noble langage caractérise de la meilleure façon l'ignominieux pacte auquel l'Allemagne conviait l'Angleterre.

De la conversation du chancelier allemand, qui fait une œuvre de maquignon, retenons la date et le but. C'est le 29 juillet, cinq jours avant la déclaration de guerre de l'Allemagne à la France, que M. de Bethmann-Hollweg convie officiellement l'Angleterre au partage de nos dépouilles. Et Guillaume II ose encore alléguer qu'il n'a pas été l'agresseur et ne convoitait pas nos possessions !

XIII. — LES MANOEUVRES DE L'ALLEMAGNE CONTRE LA PAIX

Berlin ferme l'oreille aux paroles d'apaisement et aux offres de conciliation de Paris, de Londres et de Pétrograd. La volonté de guerre de Guillaume II apparaît inflexible.

Le Tsar propose vainement à Guillaume II d'en référer au tribunal de La Haye

Dans la nuit du 29 au 30 juillet, était remis à Guillaume II ce télégramme de l'empereur de Russie :

Palais de Péterhof, 29 juillet 1914, 8 h. 20 soir. — Je te remercie pour ton télégramme, qui est conciliant et amical, tandis que la communication officielle faite aujourd'hui par ton ambassadeur à mon ministre ne lui ressemblait guère. Je te prie de m'expliquer cette différence. *Il serait préférable de soumettre le problème austro-serbe à la Conférence de la Haye.*

« NICOLAS. »

Guillaume II qui venait de tenir son Conseil de guerre à Potsdam s'est esclaffé de la proposition d'en référer au Tribunal de La Haye, l'a laissée sans réponse et a écrit en marge du télégramme cette formule dérisoire : « Nanu », c'est-à-dire « fadaises ».

L'Allemagne rejette une nouvelle proposition de conciliation de la Russie

Le 30 juillet, M. Sazonoff fait une dernière tentative auprès de l'Allemagne pour arrêter le conflit : la Russie interrompra ses préparatifs militaires si l'Autriche se déclare prête à éliminer de son ultimatum les clauses qui portent atteinte à la souveraineté de la Serbie.

M. de Jagow répond qu'il juge cette proposition inacceptable pour l'Autriche.

La Russie propose une entente directe avec l'Autriche

En même temps M. Sazonoff poursuit à Vienne un appel suprême à la conciliation. L'ambassadeur de Russie offre au comte Berchtold de reprendre à Pétersbourg une conversation directe austro-russe pour le règlement à l'amiable de l'affaire serbe.

Le comte Berchtold fait le bon apôtre et donne son consentement, mais il prend ses dispositions pour rendre la conversation inutile.

La journée du 30 juillet

Le plus grand effort de la propagande allemande depuis 1919 a consisté à exploiter les archives russes et à établir que la Russie porte la responsabilité de la guerre parce qu'elle a pris l'initiative de la mobilisation générale et parce que c'est la mobilisation de son armée qui a entraîné la mobilisation allemande. L'examen de la journée du 30 juillet mérite donc quelques développements.

La manœuvre allemande et la mobilisation russe

Le 30 juillet, à Berlin, à 1 heure de l'après-midi, le *Lokal Anzeiger*, journal semi-officieux et organe des cercles dirigeants, lança une édition spéciale annonçant la mobilisation allemande. L'ambassade de Russie se trouve *Unter den Linden*, à 30 mètres à peine des bureaux du *Lokal Anzeiger*.

L'ambassadeur, M. de Swerbejew, devait être le premier
à connaître cette nouvelle capitale qu'il télégraphia aussitôt
à son gouvernement. Qu'on juge de l'effet produit par
cette nouvelle sur l'esprit du Tsar !

Il ne pouvait plus être possible d'ajourner la mobilisation
russe. Elle fut, en effet, décidée le 31 juillet à 4 heures de
l'après-midi, c'est-à-dire au moment où dut arriver le télégramme de l'ambassadeur de Russie à Berlin et l'ordre de
mobilisation fut signé le soir à 7 heures.

La propagande allemande objecte que la nouvelle de la
mobilisation allemande fut aussitôt démentie par le gouvernement impérial. C'est exact. Une heure après la publication du *Lokal Anzeiger*, M. de Jagow téléphona lui-même
à M. de Swerbejew pour lui dire qu'on venait de confisquer
l'édition spéciale du *Lokal Anzeiger*, parce que la nouvelle
était fausse.

L'ambassadeur de Russie télégraphia le démenti à son
gouvernement par deux télégrammes, un premier en clair
de trois mots, un second chiffré par lequel il expliquait
qu'il y avait eu une méprise du directeur du *Lokal Anzeiger*
qui avait lancé, sans y être autorisé, une édition préparée
à l'avance pour le cas où la situation politique s'aggraverait.
Or, ces deux télégrammes démentant la mobilisation allemande ne sont arrivés à Pétersbourg que cinq heures après
celui qui annonçait cette mobilisation. Pourquoi ? Parce
qu'ils ont été acheminés vers la Russie par Varsovie au
lieu d'être acheminés par la voie normale.

Pourquoi cette différence de traitement ? N'est-ce pas
parce que le gouvernement allemand, ou du moins l'état-
major allemand, avait intérêt à ce que la Russie, se croyant
menacée, prît l'initiative d'une décision qui légitimerait ensuite la mobilisation allemande ?

L'état-major allemand répond qu'on a eu recours à la
voie de Varsovie, parce que l'autre ne fonctionnait plus.
Mais ce vice de fonctionnement est bien suspect, lorsqu'il
s'agit d'un télégramme en clair de trois mots démentant
la nouvelle de la mobilisation allemande.

Toujours est-il que ce retard de 5 heures est dû à une
faute allemande. Déjà sir Ed. Grey, en 1916, avait indiqué
que cette ruse de l'état-major allemand était la cause de la
mobilisation russe.

La fourberie prussienne

Nous avons maintenant le témoignage du ministre de la
Guerre de Russie, le général Soukhomnilow, l'homme dont

le gouvernement allemand a souvent invoqué le témoignage contre le gouvernement du tsar.

Que dit-il ? « Que l'ordre de mobilisation russe fut la « suite immédiate de l'annonce de la mobilisation alle-« mande. »

Nous avons encore un meilleur témoignage, c'est celui du chancelier de l'Empire allemand, M. de Bethmann-Holl-weg, qui, le 31 juillet, télégraphiait à son ambassadeur à Londres « qu'il ne tenait pas pour impossible que la mobili-sation russe découlât du *bruit* de la mobilisation alle-mande ».

Le gouvernement allemand a trouvé cet aveu si impru-dent qu'il a, après coup, supprimé cette fin de télégramme dans ses publications diplomatiques. Nous ne la connais-sons que depuis la publication de Kautsky. (Pièce n° 488.)

La responsabilité de l'état-major allemand dans ce complot est accablante. La preuve est que les principaux journaux organes du parti militaire, la *Deutsche Tages Zeitung*, la *Deutsche Zeitung*, la *Deutsche Warde* publièrent aussi des éditions spéciales annonçant la mobilisation.

Il fallait rejeter sur la Russie la grave responsabilité de la mobilisation et ce complot réussit ; il fallait peut-être aussi secouer le chancelier qui était l'indécision même.

La perfidie allemande

Nous verrons, le 3 août, la même manœuvre appliquée à la France. Le gouvernement allemand a différé, du 31 juillet au 3 août, la déclaration de guerre à la France, bien que la chose fût décidée depuis le 31 juillet, puisque la sommation lancée à la Belgique de laisser passer les troupes allemandes ne s'explique que par les hostilités à ouvrir contre la France. (Voir *Kautsky*, pièces n°s 491 et 648.)

Berlin espérait qu'à la suite des fausses nouvelles de tou-tes sortes, lancées du 31 juillet au 3 août, l'opinion publi-que française contraindrait le gouvernement français à dé-clarer la guerre à l'Allemagne.

La déclaration de guerre ne fut lancée que lorsqu'il n'y eut plus d'espoir de nous faire perdre notre sang-froid ; et comme nous n'avions obéi à aucun coup de tête et qu'on ne pouvait rien nous reprocher, on forgea de toutes pièces six chefs d'accusation.

Allemands et Autrichiens simulaient la surprise et l'in-dignation et pouvaient d'autant moins s'étonner et se cour-roucer des mesures de mobilisation prises par la Russie que M. Grunelius, ministre de Bavière à Paris, avait télégraphié, le 30 juillet, à son gouvernement à Munich cette grande vérité : « L'armée russe peut rester mobilisée des mois entiers *sans qu'il en résulte des mesures de guerre directes* ».

Ultimatum de l'Allemagne à la Russie

Guillaume II comble les vœux de l'allié autrichien et exécute son propre dessein en ordonnant les mesures qui contraignent la Russie à la guerre. Le 31 juillet, à midi, le gouvernement allemand décrète « l'état de danger de guerre » et dans la soirée somme la Russie de démobiliser. « Si le gouvernement russe n'accepte pas dans un délai de douze heures, l'Allemagne mobilisera à son tour. » Le délai expire le lendemain, à midi. La menace est brutale, dans la manière germanique.

La comédie de l'Autriche

De son côté, la Chancellerie de Vienne joue le dernier acte de sa comédie. Elle jubile à la pensée que la sommation de l'Allemagne à la Russie va ouvrir le conflit et elle juge habile de manifester des intentions conciliantes. Par ordre du comte Berchtold, l'ambassadeur d'Autriche à Pétrograd « déclare que son gouvernement est prêt à discuter avec le gouvernement russe la note à la Serbie, même quant au fond ».

Cette apparence de concession aurait eu un semblant de sincérité si l'ultime proposition de l'Autriche n'avait pas suivi le « Kriegszustand » de Berlin et précédé de quelques heures seulement l'envoi de l'ultimatum allemand à Pétrograd.

La mobilisation allemande entraîne la mobilisation française

Le comte Berchtold était édifié sur les intentions du compère de Berlin et en escomptait les actes. Le 1er août, l'Allemagne jette audacieusement le masque. Notre ambassadeur à Berlin télégraphie :

Berlin, 1er août 1914. — On distribue dans les rues de Berlin des éditions spéciales des journaux annonçant que la mobilisation générale de l'armée est ordonnée et que le premier jour de la mobilisation est le dimanche 2 août. — (*Livre Jaune*, rapport de M. Cambon, page 124.)

A 4 heures 30 du soir, le gouvernement français fait annoncer qu'il ordonne la mobilisation.

L'Allemagne déclare la guerre à la Russie

A 7 heures 10 du soir, l'Allemagne déclare la guerre à la Russie sous le prétexte que cette puissance lui a refusé de cesser sa mobilisation. Or, dans la matinée, le tsar, ingénu et loyal, avait télégraphié à Guillaume II : « Je comprends que tu sois obligé de mobiliser, mais je voudrais obtenir de toi la même garantie que *je t'ai donnée*, à savoir que ces mesures ne signifient pas la guerre et que nous continuerons à traiter ensemble ». (*Livre Blanc*, page 12.)

Guillaume II avait répondu (même page du *Livre Blanc*) : « *Je ne suis pas*, à mon regret, *en mesure de te donner satisfaction* quant à l'objet même de ton télégramme ».

Le kaiser poursuivait, en effet, un autre but que le tsar. En vain, celui-ci lui avait fourni *la garantie* que la mobilisation russe n'impliquait pas la guerre et le priait de donner le même caractère à la mobilisation allemande. Guillaume II qui voulait la guerre a brusqué le dénouement et ordonné à son ambassadeur de la déclarer.

L'Autriche ne déclare à son tour la guerre à la Russie que cinq jours après, le 6 août, sous le prétexte que cette puissance « a cru devoir ouvrir les hostilités contre l'Allemagne ». — (*Livre Rouge*, pièce n° 59.)

Le complice autrichien a toujours soin de s'abriter derrière l'allié allemand ; chacun de ses actes est marqué au coin de l'hypocrisie et du mensonge.

XIV. — LA FRANCE, LA BELGIQUE ET LE LUXEMBOURG.

La première pensée de la France qui se sent à la veille de l'agression allemande est de rassurer les Etats neutres ses voisins et de respecter scrupuleusement leur neutralité qu'elle a garantie dans les traités internationaux.

Le 31 juillet, dès qu'il apprend que « l'état de danger de guerre » est décrété en Allemagne, « le gouvernement de la République donne au gouvernement belge l'assurance qu'il respectera la neutralité de la Belgique ». Il fournit la même assurance au Luxembourg le 1er août.

La France répond à l'Angleterre qu'elle respectera la neutralité de la Belgique ; l'Allemagne ne répond pas

Le 1er août, l'Angleterre demande à la France et à l'Allemagne « quelle sera, en cas de conflit entre ces deux puissances, leur attitude vis-à-vis de la Belgique ».

— « Nous entendons respecter sa neutralité et nous l'avons répété à plusieurs reprises au gouvernement belge », répond M. Viviani, président du Conseil.

— « Je prendrai les ordres de l'empereur et du chancelier, mais je doute qu'une réponse puisse être donnée, car l'Allemagne ne peut ainsi découvrir ses projets militaires », dit avec embarras M. de Jagow.

Tout le plan de guerre de l'Allemagne était basé sur la violation du territoire belge pour mieux atteindre la France et, au moment même où il éludait la question de l'Angleterre, M. de Jagow ordonnait de présenter la note sommant la Belgique de laisser le libre passage aux armées allemandes.

XV. — L'ALLEMAGNE VIOLE LA NEUTRALITE DU LUXEMBOURG ET DE LA BELGIQUE

L'Allemagne commence par violer la neutralité du Luxembourg garantie par le traité de Londres du 11 mai 1867, signé par la Prusse. Le 2 août, à cinq heures du matin, ses troupes pénètrent en territoire luxembourgeois.

Dans la soirée, l'Allemagne envoie un ultimatum à la Belgique ; son abominable attentat contre la neutralité de cette puissance est perpétré dans des conditions de félonie et d'audace révoltantes.

Dès 1906, l'Allemagne avait préparé l'invasion de la Belgique

La neutralité de la Belgique est établie par le traité de Londres du 11 avril 1839 et garantie à perpétuité par la France, l'Angleterre, la Russie, l'Autriche et la Prusse ; elle a été confirmée en 1870 par une lettre de Bismarck au baron Nothomb et l'Allemagne a signé la convention de La Haye du 18 octobre 1907 dont l'article 2 « interdit à des belligérants de faire passer des troupes ou des transports de munitions de guerre ou d'approvisionnement sur le territoire des Etats neutres ».

Mais l'Allemagne ne compte pour rien sa signature et quand elle y trouve son intérêt, elle renie avec cynisme ses engagements les plus solennels. Après les incidents de Tanger et d'Algésiras, elle prémédite la guerre contre la France. Sa décision est prise : elle violera la neutralité de la Belgique, conformément aux directives de Bernhardi et aux plans dressés successivement par Schlifffen et de Moltke, chefs de son Etat-Major général.

Cet Etat-Major se met de suite à l'œuvre ; il fait imprimer en secret, en 1906, la reproduction de la carte d'Etat-Major belge au 60.000° ; chacun des officiers et des sous-officiers allemands en sera pourvu au moment de l'invasion de la Belgique. Il organise le vaste camp de Malmédy, qui prend de flanc le Luxembourg belge et, dans la stérile région de l'Eifel, il construit des chemins de fer et d'immenses quais militaires. Ces voies n'ont qu'un intérêt stratégique ; il les raccorde aux chemins de fer de Wesphalie et, même, aux chemins de fer belges (Stavelot-Malmédy). Les armées germaniques pourront ainsi déboucher sur la haute Meuse, de Givet à Stenay, à travers les Ardennes belges, tandis que, sur la basse Meuse, la tête de ligne d'Aix-la-Chapelle amènera le flot envahisseur qui débordera Liége et Namur et gagnera la trouée de l'Oise par Charleroi et Maubeuge.

Aux batailles d'août 1914, nous avons saisi sur des cadavres et sur des prisonniers allemands des lots complets de cette carte de l'Etat-Major belge, reproduite par le service géographique du grand Etat-Major allemand. Chaque carte portait au coin la mention : G.06. Dès 1906, l'Allemagne attendait donc l'occasion de nous attaquer par la Belgique ; pour mieux assurer le succès de son guet-apens, elle s'est ingéniée à endormir la méfiance du gouvernement belge.

L'Allemagne réitère et trahit ses engagements de respecter la neutralité de la Belgique

En 1911, la Belgique est alarmée des fortifications hollandaises de Flessingue et elle prie M. de Bethmann-Hollweg de déclarer à la tribune du Reichstag que sa neutralité n'est pas en péril. Le chancelier allemand répond que l'Allemagne respectera toujours la neutralité de la Belgique, mais qu'il ne peut le déclarer publiquement, parce que la France, rassurée de ce côté, pourrait porter toutes ses troupes à l'est.

Le 29 avril 1913, au Reichstag, interpellé par un socialiste, le ministre des Affaires étrangères, von Jagow, affirme : « La neutralité belge est réglée par des conventions internationales que l'Allemagne est résolue à respecter ». Il fait la même réponse à un second député socialiste et, comme un troisième insiste, le ministre de la Guerre von Heeringen — le futur bombardeur de la cathédrale de Reims — déclare : « L'Allemagne n'oubliera jamais que la neutralité de la Belgique est garantie par les traités internationaux.

En 1913, aux fêtes qui ont lieu à Liége en l'honneur du

roi Albert, Guillaume II envoie un délégué, le général von
Emmich, qui prodigue les assurances de sympathie et profite de son voyage pour visiter à fond les fortifications de
la place. Un an après, c'est le même général von Emmich
qui conduit les troupes allemandes à l'assaut des forts de
Liége.

Dans la matinée du 2 août 1914, von Below, ministre
d'Allemagne à Bruxelles, répond aux représentants de la
presse belge qui lui demandent si la Belgique doit craindre
quelque chose : « Non, la maison du voisin brûlera peut-
être, mais la vôtre sera épargnée. Les troupes allemandes
ne traverseront pas le territoire belge ».

A midi et demi, un délégué du ministre des Affaires étrangères de Belgique se rend chez von Below et lui fait connaître que le ministre de France à Bruxelles a donné l'assurance, au nom du gouvernement de la République, que la
France respecterait la neutralité de la Belgique. M. de
Below ne bronche pas ; il prend note de la communication
et ajoute qu'il a la conviction que la Belgique n'a rien à
redouter de l'Allemagne et que « son gouvernement trouverait sans doute inutile d'amplifier ou de répéter ses déclarations antérieures à cet égard ».

L'ultimatum allemand

A sept heures du soir, le même M. de Below pénètre
dans le cabinet de M. Davignon, ministre des Affaires étrangères de Belgique, et lui remet l'ultimatum de l'Allemagne : si la Belgique refuse le libre passage des troupes
allemandes à travers son territoire, l'Allemagne la « consi-
dérera en ennemie ».

L'Allemagne a dépassé ici en imposture et duplicité, en
cynisme et brutalité, tout ce qu'on peut imaginer.

Les documents publiés par Kautsky nous révèlent que
cet ultimatum a été rédigé, le 26 juillet, de la propre main
de M. de Moltke, chef de l'état-major général, puis légère-
ment retouché par le chancelier de l'empire et par MM.
Stumm et Zimmermann, et enfin adressé, sous pli cacheté,
par M. de Jagow, secrétaire d'État, au ministre d'Allemagne en Belgique, avec recommandation de ne pas ouvrir
l'enveloppe avant l'arrivée d'un télégramme ultérieur.

Depuis une semaine, la diplomatie allemande avait donc
décidé la brutale sommation qui a été faite à M. Davignon
le 2 août. Au lendemain de la démarche comminatoire de
l'Autriche à la Serbie, et avant même qu'aucune puissance
ait mobilisé, l'Allemagne s'apprête à violer la neutralité

belge et à exécuter le plan d'opérations militaires préparé par son état-major.

Sa fourberie est ici d'autant mieux démasquée que son ultimatum, rédigé le 26 juillet et présenté le 2 août, commençait par ces lignes mensongères : « Le gouvernement allemand a reçu des nouvelles sûres, d'après lesquelles les forces françaises auraient l'intention de marcher sur la Meuse par Givet et Namur. » Cette audacieuse calomnie a ainsi devancé de plusieurs jours notre mobilisation. Nous étions si loin de songer à marcher sur Namur que, même après l'entrée des Allemands en Belgique, nous n'avons pu répondre que tardivement à l'appel de nos amis Belges envahis.

<h3 align="center">L'invasion de la Belgique</h3>

Le 3 août, von Below reçoit cette fière et éloquente réponse de la Belgique :

L'atteinte à son indépendance dont la menace le gouvernement allemand constituerait une flagrante violation du droit des gens. Aucun intérêt stratégique ne justifie la violation du droit.

Le gouvernement belge, en acceptant les propositions qui lui sont notifiées, sacrifierait l'honneur de la nation en même temps qu'il trahirait ses devoirs vis-à-vis de l'Europe.

Dans la soirée, l'Allemagne consomme son attentat ; ses troupes violent le territoire belge à Gemmich, dans la région de Verviers.

Le 4 août, « la Belgique fait appel à l'Angleterre, à la France et à la Russie pour coopérer comme garantes à la défense de son territoire ». Von Emmich à la tête de son corps d'armée somme Liége de se rendre et livre un premier assaut qui est repoussé.

L'état-major allemand n'a, du reste, pas tardé à reconnaître qu'il avait longuement prémédité la violation de la neutralité belge. Dans le numéro 6, daté du 2 septembre 1914, de la *Deutsche Krieger Zeitung*, journal officiel de l' « Union Militaire allemande », édition imprimée à Berlin pour les armées en campagne, le général de brigade von Spohn fait ressortir d'une manière particulière que l'état-major allemand avait depuis longtemps résolu de violer la neutralité de la Belgique ; il en fournit notamment cette raison :

Le plan d'invasion en France était de longue date solidement établi. Il devait se poursuivre avec succès dans le nord, à travers la Belgique, en évitant la forte ligne de forts d'arrêt, dont l'ennemi avait protégé ses frontières du côté de l'Allemagne et qu'il eût été fort difficile d'enfoncer.

Le plan a réussi dans toute son étendue, comme nous le montre la position des différentes armées.

Dans la note rédigée en décembre 1912 par Ludendorff pour le rapport du grand état-major allemand, il était dit : « Pour être offensif contre la France, il sera nécessaire de violer la neutralité belge ». L'Allemagne n'a pas hésité à le faire.

L'Allemagne a mobilisé son armée de la Meuse dès le 21 juillet

Un témoin autorisé nous fait également connaître que, dès le 22 juillet, l'Allemagne qui avait résolu la guerre a mobilisé son armée du Hanovre, armée de la Meuse de von Emmich, et l'a concentrée le 26 en Westphalie pour tenter un coup de main sur Liége. C'est le major Coilon, attaché militaire de Belgique à Paris en 1914, qui a apporté cette révélation dans une lettre publiée par le *Temps* le 19 septembre 1918 et adressée au colonel Egli, ancien colonel d'état-major fédéral de l'armée helvétique. Voici le passage de sa lettre qui fixe de façon définitive cet important fait historique :

Un témoignage matériel, irréfragable, corrobore le mien et se trouve de nature à éclairer toutes les consciences droites. Il réside dans le fait, *peu connu*, de la mobilisation de l'armée du Hanovre (armée de la Meuse de von Emmich) à partir du 22 juillet, et sa concentration en Westphalie dès le 26, vis-à-vis de la frontière belge, en vue de pouvoir s'emparer de Liége par un coup de main, et de couvrir ainsi le déploiement stratégique et le mouvement de la formidable armée allemande qui devait traverser rapidement notre pays, envelopper le front nord français et prendre les armées franco-anglaises en flagrant état de concentration, terminant la guerre en quelques semaines par un désastre sans précédent dans l'Histoire.

La fin justifie les moyens : cette maxime de l'état-major allemand a inspiré son plan d'attaque contre la France par la Belgique dont il violerait la neutralité, afin d'éviter nos forteresses de l'est et de tourner nos armées rangées face à la frontière allemande.

L'aveu du chancelier allemand

Le chancelier allemand, M. de Bethmann-Hollweg, a lui-même proclamé que l'Allemagne a violé de propos délibéré la neutralité de la Belgique ; le 4 août, à la tribune du Reichstag, il a dit :

*Nécessité **ne** connait pas de loi. Nos troupes ont occupé le Luxembourg et peut-être déjà la Belgique. Cela est contraire au droit des gens, mais nous savons que la France était prête à l'attaque, et une attaque de notre aile gauche sur le Rhin inférieur eût pu nous être fatale. C'est ainsi que nous avons dû passer outre aux protestations justifiées du Luxembourg et de la Belgique. Nous réparerons ce tort dès que nous aurons atteint notre but. Lorsqu'on combat comme nous pour le bien suprême, on s'en tire comme on peut.*

Pour excuser la mauvaise action de l'Allemagne, M. de Bethmann-Hollweg recourt au mensonge et invente le projet de violation de la Belgique par la France. Pendant que le chancelier prononce ce discours, M. von Jagow, ministre des Affaires étrangères d'Allemagne, reçoit la visite de l'ambassadeur d'Angleterre et lui parle sans détours.

La déclaration de von Jagow

M. Goschen lui demande « si l'Allemagne s'abstiendra de violer la neutralité de la Belgique ». Von Jagow lui répond que les troupes allemandes ont déjà pénétré en territoire belge et, avec une brutale franchise, il indique « les raisons qui ont obligé le gouvernement impérial à prendre cette mesure ». Voici sa déclaration à M. Goschen ; elle est d'un intérêt capital :

Il fallait que les troupes allemandes pénétrassent en France par la voie la plus rapide et la plus facile, de manière à prendre une bonne avance dans leurs opérations et s'efforcer de frapper quelque coup décisif le plus tôt possible. C'est pour nous une question de vie ou de mort, car si nous avions passé par la route plus au sud, nous n'aurions pu, vu le petit nombre de chemins et la force des forteresses, espérer passer sans rencontrer une opposition formidable, impliquant **une** grosse perte de temps.

Cette perte de temps aurait été autant de temps gagné par les Russes pour amener leurs troupes sur la frontière allemande. Agir avec rapidité, voilà le maître atout de l'Allemagne ; celui de la Russie est d'avoir d'inépuisables ressources **en soldats.** — (*Livre Bleu anglais,* rapport de M. Goschen, pièce n° **78.**)

Cette déclaration dévoile avec clarté la **préméditation de** l'Allemagne, son plan d'attaque de la France et ses espérances. Elle démontre avec évidence ces faits : l'état-major allemand a dressé longtemps à l'avance son plan d'agression contre la France et l'a méthodiquement exécuté ; ce plan avait pour base la violation de la neutralité de la Belgique et pour but de jeter la presque totalité des armées allemandes sur la France et de nous mettre rapidement hors de combat, de se retourner ensuite contre la Russie et de l'écraser sous le poids des forces austro-germaniques.

Les traités sont des chiffons de papier

A huit heures du soir, M. Goschen se rend chez le chancelier allemand. Un entretien qu'enregistre l'histoire s'engage. M. de Bethmann-Hollweg révèle le fond de sa pensée ; comme tout bon Allemand, il ne comprend pas qu'une puissance attache de l'importance aux traités et il témoigne son indignation que l'Angleterre somme l'Allemagne de respecter la neutralité de la Belgique et lui déclare la guerre pour la violation de cette neutralité.

Juste pour un mot, « neutralité », dit le Chancelier à M. Goschen, un mot dont, en temps de guerre, on n'a si souvent tenu compte ; *juste pour un chiffon de papier*, la Grande-Bretagne va faire la guerre à une nation à elle apparentée.

L'ambassadeur anglais donne alors au Teuton cette haute leçon de moralité et de dignité :

Si c'est pour l'Allemagne une affaire de vie ou de mort d'avancer à travers la Belgique et de violer la neutralité de cette dernière, c'est pour ainsi dire une affaire de « vie ou de mort » pour l'honneur de la Grande-Bretagne que de tenir l'engagement solennel pris par elle de faire, en cas d'attaque, tout son possible pour défendre la neutralité de la Belgique. Il est tout simplement nécessaire de tenir ce pacte solennel, sans quoi quelle confiance n'importe qui pourrait-il avoir à l'avenir **dans les engagements** pris par la Grande-Bretagne ?

Le chancelier, que ce mâle et honnête langage confond, réplique :

Mais à quel prix ce pacte aura-t-il été tenu ? Le gouvernement britannique y a-t-il songé ?

L'Allemand n'envisage jamais, en effet, que l'avantage qu'il peut tirer de l'observation ou de la violation de ses engagements. M. Goschen fait à M. de Bethmann-Hollweg cette noble réponse :

La crainte des conséquences ne peut être considérée comme

(Une excuse pour la rupture d'engagements solennels. — (*Livre Bleu anglais*, rapport de M. Goschen, pièce n° 78.)

L'Allemagne ayant refusé de respecter la neutralité de la Belgique, à minuit l'Angleterre lui déclare la guerre. L'officieuse Agence Wolff, qui rend compte de la séance du 4 août du Reichstag, y ajoute la relation de la démarche de l'ambassadeur anglais et ce communiqué de la chancellerie allemande : « *En pénétrant sur le territoire belge, l'Allemagne a placé les considérations militaires avant toutes autres et savait parfaitement que ce fait donnerait à l'Angleterre un prétexte pour intervenir.* »

Ce nouvel aveu témoigne une fois de plus que l'Allemagne a toujours prévu la violation de la Belgique et l'intervention de l'Angleterre. Nous en trouvons la confirmation dans le rapport adressé le même jour, 4 août, à M. Hertling, par le comte Lerchenfeld, ministre de Bavière à Berlin, qui s'exprime en ces termes :

L'Allemagne ne peut pas respecter la neutralité de la Belgique. Le chef de l'état-major général a déclaré que même *la neutralité de l'Angleterre serait un prix trop élevé du respect de la neutralité belge, car une guerre offensive contre la France n'est possible que sur la ligne de la Belgique.*

XVI. — L'ALLEMAGNE DECLARE LA GUERRE A LA FRANCE.

La déclaration de guerre à la France, décidée à Berlin le 31 juillet, ne fut signifiée à Paris que le 3 août, parce que l'Allemagne espérait que la France prendrait les devants et parce que, ce qui importait, c'était l'ultimatum à la Belgique. La déclaration de guerre fut remise le 3 août, à 6 heures et demie du soir, sous le prétexte que des aviateurs français avaient survolé la Belgique et jeté des bombes près de Wesel, de Karlsruhe et de Nuremberg.

Tous ces faits ont été reconnus faux, mais la propagande allemande allègue maintenant que si M. de Schœn ne put pas formuler d'autres griefs que les bombardements aériens, c'est parce que le télégramme chiffré lui est arrivé mutilé, que le texte exact n'a pu être rétabli en temps utile et que la déclaration de guerre a été ainsi incomplètement motivée.

Les prétextes et mensonges de l'Allemagne

Quels sont donc les chefs d'accusation que l'Allemagne invoquait contre nous ? Ils sont de six catégories différentes.

Enumérons-les en procédant en même temps à leur examen critique :

1° *Tentative de destruction de tunnel.* — « Deux Français ont tenté de faire sauter le tunnel de Cochem sur la voie ferrée de la Moselle et ont été fusillés ».

Quels sont ces deux Français et où ont-ils été inhumés ? Le gouvernement allemand n'a jamais pu répondre à cette demande.

2° *Tentatives d'empoisonnement.* — Télégramme du 2 août : Metz communique :

« Hier, un médecin français, avec l'aide de 2 hommes déguisés en officiers, a essayé d'infecter avec des microbes de choléra les puits de Montigny, faubourg de Metz. Il a été fusillé conformément au droit des gens ».

La chose est d'autant plus invraisemblable que nous devions prononcer notre offensive vers Metz. Le 3 août, d'ailleurs, un secrétaire de la Wilhelmstrasse, M. de Stumm, écrivit en marge de ce télégramme : « *Tatarennachricht* » (histoire de brigands.)

3° *Tentative d'incursion par des officiers français.* — « Le préfet de Dusseldorf signale que, ce matin (2 août), 80 officiers français en uniforme d'officiers prussiens, montés dans 12 autos, ont tenté vainement de franchir la frontière près de Walbeck, à l'ouest de la Gueldre ». Le gouvernement hollandais interrogé répond que bien que toutes les routes soient gardées et les autos visités, on ne sait rien de cette affaire.

4° *Violation du territoire neutre par des troupes françaises.* — Le général allemand commandant le 8ᵉ corps lance le 3 août la proclamation suivante : « Après que la France, méconnaissant la neutralité du Luxembourg s'est servie du territoire luxembourgeois pour ouvrir les hostilités contre l'Allemagne, S. M. a donné l'ordre aux troupes allemandes d'entrer en Luxembourg. »

Le même jour, le ministre d'Etat du grand duché télégraphie à Berlin : « Il n'y a sur le territoire luxembourgeois pas un seul militaire français, ni aucun indice d'une menace à la neutralité de la part de la France. »

5° *Incursions et bombardements par aéronefs.* — Nous savons déjà que c'est une fable, mais les documents Kautsky (pièce 758) nous apprennent que, le 2 août, le ministre de Prusse à Munich les avait déjà démentis. Ainsi donc au moment où M. de Schœn fondait la déclaration de guerre sur le bombardement de Nuremberg, le gouvernement allemand avait en mains un document officiel, daté de la veille, niant le fait.

6° *Violation du territoire allemand par des troupes françaises.* — Le gouvernement allemand a multiplié les communications à ce sujet. La frontière aurait été violée par des détachements ou par des patrouilles à Sainte-Marie-aux-Mines, au col de la Schlucht, à Montreux-Vieux.

Or, le gouvernement allemand n'a pu citer le nom d'un seul militaire ayant pris part à ces incursions, ni mentionner le numéro d'une seule unité. Encore moins peut-il indiquer que le cadavre d'un soldat français soit resté sur le sol allemand avant la déclaration de guerre.

Au contraire, la France a multiplié ses efforts pour conjurer la guerre et, dans son désir de conserver la paix, a supporté d'odieux actes de provocation. Ce bref exposé édifiera le lecteur.

L'Allemagne et la France

L'Allemagne était arrivée, en 1914, à l'apogée de sa puissance militaire. Elle connaissait à merveille la réorganisation qui se poursuivait dans les armées française, russe et belge; elle a voulu les attaquer au moment où elle se croyait sûre de vaincre. Dès le commencement de 1914, elle procède avec minutie et en grand secret à ses derniers préparatifs d'agression.

Derniers préparatifs de l'agression allemande

Dès le mois de février 1914, l'administration allemande des chemins de fer reçoit un ordre confidentiel prescrivant — en dépit des prévisions budgétaires — d'interrompre tous les travaux dont le « caractère d'utilité en temps de guerre » n'était pas évident et de hâter ceux qui intéressaient la défense nationale.

Dès le printemps aussi, les officiers de réserve reçoivent des instructions significatives. Au mois de février, on leur adresse les avis habituels contenant les prescriptions ordinaires en cas de mobilisation. Au mois de mars, il leur parvient une seconde feuille — qu'ils n'avaient jamais reçue précédemment — leur donnant très exactement la gare de départ et le numéro du train par lequel ils devaient rejoindre leur corps.

En janvier, février et mars 1914, l'état-major termine l'organisation des régiments d'infanterie et d'artillerie de réserve dans les dix corps d'armée où ces régiments n'étaient pas encore complètement constitués. Dans ce trimestre, environ 40.000 sous-officiers et 360.000 soldats de réserve sont convoqués dans des camps d'exercice pour une période de quatorze jours.

En mars, la presse allemande développe avec fougue la thèse de la guerre préventive contre la Russie et se répand en menaces contre la France. L'intervention de l'Angleterre est prévue. Dans les *Preussische Jahrbücher* de mars, le général de Moltke, chef du grand état-major, publie un long article sur le ravitaillement de l'Allemagne en cas de guerre ; il réconforte l'opinion en affirmant que la guerre serait courte et que, dans tous les cas, on trouverait auprès des neutres toutes les facilités nécessaires pour pourvoir l'Allemagne en céréales, fourrages et matières premières.

Les rapports de nos consuls signalent l'extraordinaire activité des usines Krupp.

Dans la deuxième quinzaine de juin, avis confidentiel est donné aux officiers de réserve de se tenir prêts pour l'appel, afin qu'ils puissent prendre les arrangements qui leur sont nécessaires.

XVII. — L'ALLEMAGNE COMMENCE DE MOBILISER.

Dès le 16 juillet, jour où François-Joseph a signé l'ultimatum à la Serbie, l'Allemagne rappelle les officiers en congé.

Au fur et à mesure qu'on approche de la présentation de cet ultimatum et que se poursuivent ensuite les démarches de la France, de l'Angleterre et de la Russie pour conjurer le conflit, l'Allemagne pousse ses préparatifs d'agression.

Le 21, elle commence à revêtir ses soldats de l'uniforme de guerre ; elle rappelle, par convocations individuelles, des centaines de milliers de réservistes résidant à l'intérieur et même ceux résidant à l'étranger (classes 1903 à 1911), et elle en avait rappelé un grand nombre dans la première quinzaine de juillet ; elle convoque les officiers de réserve.

Le même jour, tous les corps d'armée allemands reçoivent l'avis confidentiel de « menace de guerre ».

Les familles d'officiers sont invitées à rentrer en Allemagne des villégiatures où elles passaient l'été en Norvège, à Bâle ou en Tyrol.

A Barcelone, où se tenait un Congrès d'enseignement commercial, les maîtres allemands reçoivent par le Consul impérial l'avis de se tenir prêts à regagner l'Allemagne.

A Bruxelles, les employés de commerce allemands sont discrètement informés de faire leurs préparatifs de départ.

Le 22, les corps d'armée devant former les 1re, 2e, 3e et 4e armées commencent leur mobilisation. Les 1re et 2e armées sont destinées à opérer contre Liége et à capter la grande voie fluviale Meuse-Sambre-Canal de la Sambre à l'Oise, les 3e et 4e à envahir la Belgique et la France, à travers les Ardennes belges. Le 3 août, ces quatre armées se trouveront déjà concentrées à Aix-la-Chapelle, Eupen, Malmédy et Saint-With.

Le 25 juillet au matin, l'Allemagne consigne les garnisons d'Alsace-Lorraine et entreprend l'armement des places de la frontière (déboisements, mise en place de l'armement, construction de batteries, renforcement des réseaux de fil de fer).

Le même jour, elle fait occuper militairement les gares de tout l'empire. Le gouvernement français est si sincèrement pacifiste qu'il ne prend pareille mesure que le 28. (*Livre Jaune*, page 108.)

Le 26, ordre est donné à la flotte allemande de Norvège de rentrer en Allemagne.

A l'intérieur du pays, les routes sont barrées, les automobiles ne circulent qu'avec un permis. C'est le dernier stade avant la mobilisation générale dont les préparatifs sont activement conduits ; nos agents de Thionville et du grand-duché de Bade, notamment, signalent l'inquiétude de la population.

Le même jour, l'état-major de Berlin prescrit aux chemins de fer les mesures préparatoires de la concentration.

Le 27, l'Allemagne effectue les réquisitions et met en place ses troupes de couverture dont elle a porté les effectifs au complet de guerre par des convocations individuelles de réservistes.

Le 28, elle rapproche les éléments éloignés de notre frontière. Nos agents signalent d'importants mouvements de troupes à Francfort, à Darmstadt, à Cassel, à Mayence, en Bavière.

Le 29, ces préparatifs de guerre deviennent plus alarmants à notre frontière.

De Strasbourg sont signalés des transports de canons automobiles employés pour le tir sur aéroplanes et dirigeables. Sous menace d'être fusillés, les Alsaciens-Lorrains des pays annexés ont défense de passer la frontière.

Dans les casernes d'Alsace-Lorraine est apposée une affiche-proclamation disant en substance aux soldats allemands que les Français qu'ils allaient combattre manquaient de tout : pas d'artillerie lourde, pas de munitions, pas d'effets d'équipement, pas même de chaussures, et que la guerre serait courte et facile.

Le 30, l'armée allemande a ses avant-postes sur nos bornes-frontières. Tout le 16ᵉ corps de Metz, renforcé par une partie du 8ᵉ, venu de Trèves et de Cologne, occupe la frontière de Metz au Luxembourg. Le 15ᵉ corps d'armée de Strasbourg serre sur la frontière.

Au contraire, le gouvernement français, qui conserve l'espoir d'un arrangement pacifique, cherche avant tout à éviter un incident qui fournirait prétexte à une querelle d'Allemand. Dans la matinée du 30, le Conseil des ministres décide que nos troupes seront retenues à 10 kilomètres de la frontière et leur interdit de s'en approcher davantage.

Le 31, l'Allemagne multiplie les actes hostiles à la France : à trois heures du soir, rupture des communications par routes, voies ferrées, télégraphes et téléphones ; saisie des locomotives françaises à leur arrivée à la frontière, placement de mitrailleuses au milieu de la voie qui a été occupée, concentration de troupes à cette frontière.

En France, l'ordre d'exécution des transports de couverture n'est donné qu'à six heures du soir.

Le 1ᵉʳ août, à l'abri de « l'état de danger de guerre » qu'elle proclame, l'Allemagne mobilise. Elle poursuit les transports de concentration des corps d'armée, même stationnés à une notable distance de la frontière française.

Violations du territoire français

Déjà l'Allemagne a violé notre territoire. Deux fois, dans la journée du 29 juillet, des patrouilles de uhlans ont pénétré sur notre territoire. Ces actes d'agression se succèdent le 2 août.

M. Viviani, président du Conseil, télégraphie à nos ambassadeurs en Europe :

Paris, le 2 août 1914. — Le territoire français a été violé ce matin par les troupes allemandes à Cirey et près de Longwy. Elles marchent sur le fort qui porte ce dernier nom. — (*Livre Jaune*, page 126.)

Le 2 août également, M. Viviani télégraphie à notre ambassadeur à Berlin de protester auprès du gouvernement allemand pour les faits suivants :

A deux reprises, le poste de douaniers français stationné à

Delle, dans la région de Belfort, a été l'objet d'une fusillade de la part d'un détachement de soldats allemands.

Au nord de Delle, deux patrouilles allemandes du 5ᵉ chasseurs à cheval ont franchi dans la matinée d'aujourd'hui et pénétré jusqu'aux villages de Joncherey et Baron, à plus de 10 kilomètres de la frontière. L'officier qui commandait la première a brûlé la cervelle à un soldat français.

Les cavaliers allemands ont emmené des chevaux que le maire français de Suarce était en train de réunir et ont forcé les habitants de la commune à conduire lesdits chevaux. — (*Livre Jaune*, page 128.)

Le 3 août, l'Allemagne renouvelle et multiplie ses agressions. Sur plus de quinze points, notre frontière est violée. Des coups de fusil sont tirés contre nos soldats et nos douaniers et font plusieurs victimes. Un aviateur militaire allemand lance trois bombes sur Lunéville. Ainsi donc, avant de nous déclarer la guerre, l'Allemagne se livre à des attaques qui violent toutes les règles du droit public ; elle accomplira bientôt les exécrables forfaits qui ont caractérisé la marche de ses armées.

La remise de nos forteresses

Un dernier détail prouvera combien l'Allemagne était résolue à nous attaquer et à nous contraindre à la guerre. Notre ancien ministre des Affaires étrangères, M. Pichon, a révélé et les Allemands ont reconnu que M. de Bethmann-Hollweg avait donné l'ordre à M. de Schœn, ambassadeur d'Allemagne à Paris, de demander à la France, comme gage de sa neutralité, dans le cas où elle déclarerait qu'elle resterait neutre, la remise des forteresses de Toul et Verdun.

Le cabinet de Berlin ne croyait du reste pas que le gouvernement français pût accepter de rester neutre : « Si, dit M. de Bethmann-Hollweg, *comme on ne peut l'admettre*, le gouvernement français déclare qu'il restera neutre... » Le chancelier allemand se rendait donc bien compte qu'en demandant à la France de garder la neutralité dans une guerre déclarée par l'Allemagne à la Russie, il lui demandait une chose incompatible avec sa sécurité et inacceptable pour tout État possédant la moindre notion de l'honneur.

Toutefois, comme les plans du grand état-major de Berlin, élaborés à loisir avec la plus grande minutie, comportaient une offensive foudroyante sur Paris et qu'ils ne pouvaient être remaniés au dernier moment, M. de Bethmann-Hollweg crut devoir prévoir une défaillance du cabinet Viviani et poser la question de neutralité de manière à rendre

inévitable la rupture avec la France. C'est pourquoi il chargea M. de Schœn de réclamer la remise de Toul et de
Verdun pour le cas invraisemblable mais possible après tout,
où le cabinet Viviani fléchirait devant la menace de guerre.

La préméditation de guerre de l'Allemagne s'étale ici en
pleine lumière.

XVIII. — L'ALLEMAGNE ET SES ALLIES

L'Allemagne avait préparé minutieusement son agression.
Elle avait calculé ses atouts et croyait jouer à coup sûr.
Quoiqu'elle espérât écraser la France en août et terrasser
ensuite la Russie avec le concours de l'Autriche, elle avait
pris ses précautions en prévision d'une action militaire en
Orient.

L'Autriche-Hongrie

Ce grand empire de 53 millions d'habitants avait armé à
outrance de 1900 à 1914. Une incroyable présomption animait les états-majors de son armée. M. Take Jonesco, qui
avait visité Vienne en décembre 1912, a consigné cette observation : « Vers la fin de 1912, les généraux autrichiens
se plaignaient que Berlin ne les laissât pas se battre en
tête à tête avec les Russes, sûrs qu'ils étaient d'aller jusqu'à
Petrograd. » (*Grande Revue*, février 1915.)

La Turquie

Depuis 1909, l'influence allemande est prépondérante en
Turquie. Von der Goltz et, après lui, Liman von Sanders
organisent l'armée turque et la destinent à combattre les
Russes et les Anglais. Le 23 janvier 1913, Enver Bey assassine, à coups de revolver, le ministre de la Guerre Nazim
pacha et renverse le ministère de Kiamil pacha ; les dirigeants du comité « Union et Progrès » prennent la place,
l'Allemagne traite avec eux et les subventionne grassement.
Sous le couvert d'un sultan ramolli, Enver, Talaat, Djavid,
Djemal, Ibrahim et leur clique gouvernent l'empire ottoman et le jetteront, le 6 novembre 1914, à l'heure choisie
par Guillaume II, contre la Russie, la France et l'Angleterre.

De son alliance avec la Turquie, l'Allemagne escomptait
aussi la diversion que produirait le Sultan de Constantinople, commandeur des Croyants, en proclamant la guerre

sainte qui soulèverait les musulmans du Turkestan, de l'Inde, de l'Egypte, de la Tunisie, de l'Algérie, du Maroc et du Soudan

La Bulgarie

Cette puissance, liée à l'Autriche par des accords secrets avant les guerres balkaniques de 1912-1913, accentue son intimité avec *Vienne* après le traité de Bucarest (9 août 1913) et scelle une entente avec Berlin. Sous les auspices de l'ambassadeur d'Allemagne à Constantinople, le Bulgare négocie et signe, en octobre 1913, *un traité avec le Turc*, son ennemi de la veille, qui lui a repris Andrinople. Le 14 octobre 1915, en vertu de son contrat avec l'Allemagne et l'Autriche, le Cobourg de Sofia déclarera la guerre à la Serbie.

XIV. — LES CALCULS DE L'ETAT-MAJOR ALLEMAND.

L'agresseur possède un avantage incontestable sur ses adversaires éventuels : il les berce d'une fausse sécurité en affichant des desseins pacifiques ; il procède avec minutie à ses préparatifs et déclare par *surprise* la guerre, après s'être donné la supériorité des effectifs, du matériel et de l'organisation. Telle a été la méthode de l'Allemagne qui a choisi le moment où elle croyait réunir toutes les chances de succès.

L'Allemagne à l'apogée de sa puissance militaire

On a lu plus haut (page 9), dans quelles proportions énormes l'Allemagne avait accru les effectifs de son armée active par les lois du 27 mars 1911, du 21 mai 1912 et du 30 juin 1913. On n'avait pas assez remarqué alors en France, ni à l'étranger, qu'elle poursuivait en même temps la constitution de corps d'armée de réserve qui doublaient ceux de l'active et lui assuraient sur la France la supériorité numérique.

L'état-major allemand escomptait également la supériorité des *formations techniques* (mitrailleuses, artillerie de campagne, artillerie lourde, génie, aérostation, aviation, automobilisme, etc.) dont ces trois lois militaires avaient augmenté les éléments. *Pour l'artillerie lourde, par exemple, la France n'avait à opposer que* 104 Rimailho de 155 à 720 obusiers légers allemands, 320 obusiers courts et 120 mortiers légers. (Séance du Sénat du 14 juillet 1914.)

Au mois de juillet 1914, l'Allemagne avait achevé ses préparatifs et se trouvait à l'apogée de sa puissance militaire.

Le 3 juillet, elle a terminé les travaux d'élargissement et de fortification du canal de Kiel, afin que ses plus grands navires de guerre puissent passer de la Baltique dans la mer du Nord.

Le 12 juillet, elle a achevé les nouveaux ouvrages de Kœnigsberg et de Dantzig et, le 15 juillet, l'immense camp retranché dans la région des lacs Masuriques, afin d'avoir une forte base pour une invasion en Russie.

Tous ces travaux, commencés depuis plusieurs années, ont été fiévreusement poussés dès le mois de mars 1914.

Guillaume II avait pesé toutes ces considérations. Il n'a pas voulu que la France, la Russie et la Belgique aient réalisé les perfectionnements militaires auxquels les obligeaient les armements allemands ; il a lancé ses armées sur ces trois puissances qui n'étaient pas prêtes à recevoir le choc.

Contre la France

Nos débats parlementaires n'ont rien révélé à l'Allemagne de notre situation militaire. Les rapports de ses attachés militaires, de ses innombrables espions et de son grand état-major tenaient exactement Guillaume II au courant de nos projets d'armement et des progrès de notre armée.

Une dépêche du ministre de Belgique à Berlin, datée du 28 juillet 1914, fait connaître à son gouvernement que l'état-major allemand apprécie l'insuffisance des canons de gros calibre de la France. « Or, ajoute cette dépêche, c'est l'arme qui décidera, paraît-il, du sort des batailles. » Cette observation si topique divulgue les prévisions des chefs de l'armée allemande.

Le Parlement français avait compris la nécessité de parer à cette inféorité. Les commissions de l'armée au Sénat et à la Chambre avaient réclamé le vote de crédits à cet effet. Le 26 mars 1914, la Chambre adopte un projet de loi autorisant notamment une dépense de 404 millions pour la fabrication de l'artillerie lourde. Ce projet, modifié par le Sénat, est voté définitivement par la Chambre le 9 juillet et par le Sénat le 14 juillet. Cette fabrication devait être entreprise immédiatement et terminée en 1917-1918.

L'Allemagne n'a pas voulu nous laisser la faculté de lutter à armes égales et elle s'est jetée inopinément sur notre pays.

Contre l'Angleterre

L'état-major allemand, qui avait résolu d'attaquer la France par la Belgique, savait que l'Angleterre ne tolérerait pas la violation de ce territoire et n'a jamais douté de l'intervention de cette puissance à nos côtés ; il croyait nous abattre en quatre semaines et il estimait que l'armée anglaise était trop peu nombreuse pour nous apporter un concours efficace.

En juillet 1914, les circonstances paraissent singulièrement favoriser les desseins agressifs de l'Allemagne. La question de l'autonomie irlandaise, les réformes sociales, la séparation de l'Eglise galloise et de l'Etat absorbent l'attention de l'Angleterre. L'application du *Home rule* met l'Irlande à la veille de la guerre civile.

Les pacifistes sont puissants et légion. Cette déclaration faite en 1913 par l'un des plus notables d'entre eux, lord Loreburn, atteste leur aveuglement : « Le temps montrera que les Allemands n'ont pas de desseins agressifs, et *les imbéciles cesseront de parler d'une guerre qui n'aura jamais lieu* ».

Rien ne prouve mieux les intentions pacifiques de la nation britannique que l'état de son organisation militaire. A la veille de la guerre, elle possède six divisions d'infanterie et une de cavalerie. Ses troupes territoriales sont réservées exclusivement à la défense du territoire et ne peuvent être transportées sur le continent qu'avec leur consentement. Son armée des Indes n'est pas destinée à prendre part à une guerre européenne.

M. Steed, directeur des services de politique étrangère du *Times*, a écrit : « A la fin de juillet 1912, l'armée anglaise se composait de 363.000 hommes seulement, y compris les réserves. Il n'y avait ni munitions, ni armements, ni habillements, ni services de ravitaillement, pour les six nouvelles armées de 120.000 hommes chacune qui furent organisées au cours de la guerre et qui triplaient ainsi d'un coup les forces militaires anglaises ».

Au début des hostilités, de Mons à la Marne, la Grande-Bretagne a envoyé en France 4 divisions d'infanterie, puis une cinquième, de 15.000 combattants environ, avec quelques brigades d'artillerie et de cavalerie (*Rapport officiel du maréchal French*). Dans son délire d'orgueil, Guillaume II apprécie avec tant de légèreté et d'outrecuidance la puissance du concours anglais que, le 19 août 1914, il adresse d'Aix-la-Chapelle à ses généraux un ordre du jour incon-

gru les invitant à « *exterminer tout d'abord l'Anglais félon
et à bousculer et à annihiler la méprisable petite armée
du général French* ».

Cette méprisable petite armée montra, dès les premières
batailles, une valeur héroïque.

A ceux qui conserveraient encore des doutes sur la certitude qu'avait l'état-major allemand que la guerre avec la
Russie et la France et la violation de la Belgique amène-
raient aussitôt l'entrée en ligne de l'Angleterre, il faut re-
commander la lecture des télégrammes suivants.

Le 20 juillet, à la veille de l'envoi de l'ultimatum à la
Serbie, Guillaume II, qui va déchaîner la guerre mondiale
et prévoit le conflit avec l'Angleterre, se préoccupe de sau-
ver sa flotte de commerce et, à bord de son yacht, adresse
de Borkum cette dépêche à son secrétaire d'État des affaires
étrangères :

Sa Majesté prie Votre Excellence d'examiner si l'on ne pourrait pas faire comprendre dès maintenant tout à fait confiden-
tiellement et sous le manteau, au directeur de la Hapag (la Ham-
bourg-America-Line) et du Norddeutscher Lloyd, qu'on s'attend,
pour le 25 juillet, à un ultimatum autrichien. Etant données les
conséquences incalculables et peut-être très promptes qui en ré-
sulteront, il paraît désirable à Sa Majesté d'informer à temps les
deux grandes compagnies pour leur permettre de prendre en
temps voulu leurs dispositions et d'envoyer leurs ordres à leurs
vapeurs qui se trouvent à l'étranger.

En même temps, le kaiser envoie, de son côté, un ordre
direct à sa flotte de guerre qui navigue sur les côtes de Norvège :

Sa Majesté donne l'ordre de tenir la flotte concentrée jusqu'au
25 juillet, de façon qu'elle puisse rapidement interrompre son
voyage. On ne devra toucher les ports norvégiens que sur une
autorisation directe de Sa Majesté.

Le 31 juillet au matin, le bâtiment amiral de la flotte de
guerre, suivi de la troisième escadre et de la première flot-
tille de sous-marins, franchit le canal de Kiel.

Le même jour, à une heure de l'après-midi, l'amirauté
allemande lance cet ordre : « *Hâtez le plus possible la marche de toutes les forces navales de la mer du Nord contre
l'Angleterre* ». La deuxième escadre passe elle aussi de Kiel
dans la mer du Nord. A bord de tous les bâtiments règne
un enthousiasme indescriptible. L'amirauté prend les mesures de guerre. Le 1ᵉʳ août, la mobilisation est décrétée. Le
2 août, les forces de la Baltique reçoivent l'ordre de marcher « conformément au plan ».

Le 3 août, l'amirauté installe des barrages de mines à l'embouchure des fleuves (Ems, Jade, Weser, Elbe) d'où peut venir une attaque anglaise. Les balises disparaissent, les phares s'éteignent et ne brillent plus qu'à des signaux convenus. Le lendemain, dans la nuit, la marine allemande reçoit la nouvelle de la déclaration de guerre de l'Angleterre qui détermine chez les équipages une explosion de joie.

L'Allemagne avait si bien prémédité la guerre et prévu la participation de l'Angleterre qu'elle s'était préoccupée de lui faire échec en Egypte, dans l'Inde et en Afrique australe où des troubles ont éclaté au cours des hostilités.

Contre la Belgique

Le rapport officiel et secret du grand état-major allemand, en date du 19 mars 1913, propose l'ultimatum et l'invasion dont la Belgique sera victime.

Nous devons être forts pour pouvoir anéantir d'un puissant élan nos ennemis de l'Est et de l'Ouest. Mais dans la prochaine guerre, il faudra que les petits Etats soient condamnés à nous suivre ou soient domptés. Dans certaines conditions, leurs armées et leurs places fortes peuvent être rapidement vaincues ou neutralisées, ce qui pourrait être vraisemblablement le cas pour la Belgique et pour la Hollande.

L'offensive peut être prise aussitôt après la concentration complète de l'armée du Bas-Rhin. Un ultimatum à brève échéance, que doit suivre l'invasion, permettra de justifier suffisamment notre action au point de vue du droit des gens. — (*Livre Jaune,* page 11.)

C'est exactement le plan que suivra l'Allemagne. En même temps qu'elle déclare la guerre à la France, elle envoie un ultimatum à la Belgique, dans la soirée du 3 août 1914, et l'envahit le lendemain.

Pour faire respecter son territoire, la Belgique avait mobilisé, le 31 juillet, son armée de campagne qui comptait en tout 93.000 fusils, 6.000 sabres, 348 canons de 75 avec 690 coups seulement par pièce, et 112 mitrailleuses. Ses fortifications dataient d'avant la grosse artillerie moderne.

La magnanime Belgique se trouvait alors en pleine réorganisation militaire. Elle se fiait aux traités ; elle ne voulait pas douter de la parole des puissances, et notamment de la Prusse, qui avaient garanti sa neutralité, et elle avait longtemps hésité à faire les sacrifices nécessaires à l'organisation d'une force armée permanente. En 1913, à la suite d'une séance secrète de la Chambre où il dénonça le péril d'après les documents les plus sûrs, M. de Broqueville, président du Conseil, ministre de la Guerre, obtint le vote d'une loi de milice qui aurait doté la Belgique d'une armée de 350.000 hommes. Ce total devait être atteint en 1918.

L'Allemagne a foncé sur cette noble nation avant qu'elle soit en mesure de résister à une puissante armée.

XX. — CONTRE LA RUSSIE.

De vieille date, la Russie subit un régime bureaucratique, germanique d'origine, de traditions et de sentiments. L'Allemagne possède des amis dévoués et influents à la Cour, dans l'aristocratie, la banque, le commerce et l'industrie et elle soudoie — la guerre en fournira de nombreux et funestes exemples — des émissaires dans les ministères, la police et l'armée.

On n'a pas oublié les lamentables affaires Raspoutine et Sturmer. Je puis citer une autre prouesse de l'espionnage allemand et de la trahison installée où on la soupçonnait le moins.

Depuis 1909, un fonctionnaire de l'ambassade de Russie à Londres transmettait régulièrement au gouvernement allemand les correspondances échangées de 1909 à fin juillet 1914 entre l'ambassadeur de Russie à Londres, comte Benckendorf, et le ministre Sazonoff. Toute cette correspondance, en langue russe, était traduite à Berlin par le professeur Schiemann et de son propre aveu, sur l'ordre du ministre des affaires étrangères allemand.

Les seules personnes au courant de ces traductions étaient exclusivement, à part le traducteur, le directeur de la section politique, baron von Stum, le secrétaire d'Etat et le sous-secrétaire d'Etat Zimmermann, ainsi que le chancelier.

Deux catégories de gens de première importance, les hobereaux prussiens et le grand Etat-Major, poussent ardemment Guillaume II à la guerre contre la Russie.

Les hobereaux prussiens pour la guerre

Les hobereaux prussiens forment un bloc compact dans le parti conservateur allemand et jouent un rôle si prépondérant dans l'Etat que leur chef est surnommé « le roi non couronné de Prusse ». Ces agrariens détiennent une partie du sol des six provinces orientales de la Prusse dont le régime est féodal. Le gouvernement allemand leur avait accordé des primes d'exportation qui facilitaient la vente lucrative de leurs récoltes dans les pays scandinaves et même en Russie ; en 1904, à la faveur de la guerre de Mandchourie, ils avaient extorqué au gouvernement russe un traité de commerce, mis en vigueur depuis 1906, qui favorisait l'écoulement de leurs produits au détriment des produits russes.

Ce traité expirait en 1917. Les vœux émis par les grandes organisations économiques russes, les travaux préparatoires des ministères de Pétrograd et surtout le vote, en avril 1914, par la Douma des droits d'entrée sur les céréales en vue de combattre les primes d'exportation ne laissaient aucun doute sur le non-renouvellement du traité de commerce de 1904. Les agrariens allemands ne pouvaient céder à la Russie sans faire écrouler l'édifice artificiel qu'ils avaient érigé avec la complicité de l'Etat. Leur ruine en était d'autant plus certaine qu'ils avaient mené un grand train de vie et contracté de formidables dettes hypothécaires : les statistiques prussiennes en démontrent l'incroyable progression. Aussi leur fureur se tourna contre l'empire russe et tous leurs journaux menèrent une violente campagne pour une guerre préventive.

Les raisons de guerre de l'état-major allemand.

Pour d'autres motifs, le grand Etat-Major allemand, dont le rôle a toujours été prépondérant en Prusse, a inspiré la volonté de guerre de Guillaume II contre la Russie. Il a fait ressortir qu'en retardant le conflit, l'empire germanique diminuerait ses chances de succès : il a fait particulièrement valoir des questions d'effectifs, de matériel et de transport.

Effectifs. — De 1903 à 1913, la Russie enrégimentait un contingent annuel de 450.000 hommes qui lui procurait un effectif de paix de 1.300.000 hommes. En 1913, le gouvernement russe annonce qu'en réponse aux armements allemands il prépare une augmentation du contingent et, en 1914, il fait voter par la Douma une loi qui élève le contingent à 580.000 hommes et l'année suivante à 620.000, de façon qu'en 1918 l'effectif atteigne un minimum de 1.700.000 hommes ; sept corps d'armée nouveaux doivent être formés en 1915, 1916, 1917.

Matériel. — La Russie avait également décidé de porter au grand complet son parc d'artillerie et de continuer acti-

vement la fabrication de son artillerie lourde (batteries
lourdes de 106 L. à T. R., de 252 C. à T. R. d'obusiers de
120, de mortiers de 228 et de 280). Ces fabrications devaient
être achevées en 1917.

L'insuffisance de cet armement en 1914 était si bien con-
nue de l'Etat-Major allemand que M. le baron Beyens, ministre de Belgique à Berlin, l'a signalée au gouvernement
belge dans une dépêche du 2 juillet 1914. M. le baron Beyens
y a ajouté cet intéressant récit dans la *Revue des Deux
Mondes* du 1er mars 1916 :

A Berlin, l'opinion que la Russie était incapable de faire face
à une guerre européenne régnait non seulement dans le monde
officiel et dans la société, mais chez tous les industriels qui
avaient la spécialité de la construction du matériel militaire. M.
Krupp von Bohlen, le plus qualifié d'entre eux pour émettre un
avis, proclamait le 28 juillet 1914, à une table voisine de la
mienne, à l'Hôtel Bristol, que l'artillerie russe n'était ni bonne
ni complète, tandis que celle de l'armée allemande n'avait jamais
été d'une qualité aussi supérieure. Ce serait une folie de la part
de la Russie, concluait le grand fabricant de canons, d'oser faire
la guerre à l'Allemagne et à l'Autriche dans ces conditions.

La Russie était si peu préparée à la guerre que, dès les
premiers mois de la campagne, elle était démunie du matériel indispensable. Notre ambassadeur à Pétrograd, M. Paléologue, écrivait le 18 décembre 1914 : « J'apprenais, hier,
que l'artillerie russe est dépourvue de munitions ; j'ap-
prends, ce matin, que l'infanterie est dépourvue de fusils ».

Transports. — L'immensité de la Russie, ses mauvaises
routes et la médiocrité de son réseau de voies ferrées rendaient sa mobilisation très lente et le ravitaillement de ses
armées en munitions et en vivres très difficile.

Au 1er août 1914, avec une superficie de 5.390.000 kilomètres carrés et une population de 170 millions d'habitants,
la Russie d'Europe avait 68.000 kilomètres de voies ferrées.
Tandis que l'Allemagne, avec une superficie de 546.000 kilomètres carrés et une population de 67 millions d'habitants,
avait 63.000 kilomètres de voies ferrées.

En 1914, la Russie avait commencé la construction de
chemins de fer stratégiques qu'elle devait poursuivre les
années suivantes. L'Etat-Major allemand n'a pas voulu lui
en laisser le temps.

L'Allemagne fomente des grèves et des troubles en Russie en juillet 1914

Ces considérations, et d'autres encore, ont guidé Guillaume II et son grand Etat-Major : il ne fallait pas attendre que la Russie eût augmenté ses effectifs de paix, complété son matériel d'artillerie et construit des chemins de fer stratégiques ; la guerre préventive assurait le présent et garantissait l'avenir.

Le rapport secret du grand Etat-Major allemand du 10 mars 1913 stipule les moyens préalables à employer en cas d'une guerre contre la Russie : « *Il faudra susciter des troubles en Russie. C'est un moyen d'absorber des forces de l'adversaire.* » (*Livre Jaune*, page 10.) L'agresseur germanique n'a pas négligé de le faire.

Au mois de juillet 1914, en prévision du coup qui se monte, des agents allemands ourdissent à Pétrograd et à Moscou de grandes grèves. Leur but est de fomenter des troubles graves, sinon une révolution, et de paralyser la Russie au moment où l'on va l'attaquer. Dans la capitale seule, on compte plus de 250.000 grévistes. Des meetings sont convoqués dans les cours des usines et dans les rues. Des collisions sanglantes se produisent entre la police et les ouvriers. Des barricades s'élèvent comme en 1905. (*La Russie et la Guerre*, par M. Grégoire Alexinsky, ancien député socialiste à la Douma.)

Le compère autrichien est dans le secret des agissements de son complice allemand et il est ravi de leurs résultats qu'il s'exagère ; aussi accueille-t-il avec dédain les offres conciliantes de Pétrograd. A. M. Schebeko, ambassadeur de Russie à Vienne, qui lui fait observer que l'écrasement de la Serbie provoquerait une guerre européenne, le comte Berchtold fait avec conviction cette réponse ironique : « Mais auparavant, il y aura une révolution à Pétersbourg ».

M. de Pourtalès, ambassadeur d'Allemagne en Russie, signale au jour le jour à son gouvernement l'extension de la grève dont il a soudoyé les meneurs, l'agitation des esprits à Petrograd et à Moscou, la gravité des troubles, la violence de la répression et l'exaspération des ouvriers ; ses rapports concluent à l'impuissance et à la chute du gouvernement russe dont les libéraux souhaitent le renversement et que la classe ouvrière charge d'anathèmes.

Alors Guillaume II lance sa sommation à Nicolas II. 1)

se croit sûr en tout cas du succès. Le *Journal des Débats*
a précisé avec perspicacité, en ces termes, le calcul du César
germanique :

Si le tsar, intimidé par les troubles intérieurs, cédait devant
l'ultimatum, c'était la fin du prestige russe, le triomphe de la
politique germanique en Europe comme en Orient. Si Nicolas II
résistait, on l'écraserait facilement au milieu de la tourmente
révolutionnaire. En face du péril, tous les Russes se ressaisirent.
Le 8 août, à la Douma, tous les chefs de partis, M. Milioukof
entre autres, proclamèrent la sainteté de la résistance armée à
la provocation de l'Allemagne. Les députés travaillistes qui ne
voulurent pas voter les crédits militaires s'associèrent néanmoins
aux manifestations pour la défense du pays.

XXI. — LA GUERRE MONDIALE.

La préméditation de l'Allemagne a été odieuse, son agression brutale. Le 4 août 1914, à l'unanimité, le Reichstag
a approuvé la violation de la Belgique, du Luxembourg et
du territoire de Moresnet, la déclaration de guerre à la
France et à la Russie et voté les crédits de guerre. L'Allemagne tout entière, enivrée de sa force et de ses rêves de
domination universelle, s'est ruée à la conquête, au butin
et à la domination.

Guillaume II avait escompté l'écrasement rapide de la
France, la défaite de la Russie sous le choc des armées
austro-allemandes, l'impuissance de l'Angleterre et la sou-
mission de l'univers devant le vainqueur germanique :
l'héroïsme des armées des Alliés a déjoué ces monstrueux
desseins. Aux combattants de la première heure, France,
Angleterre, Belgique, Japon, Russie, Serbie, sont venus
s'ajouter la Bolivie, le Brésil, la Chine, les Etats-Unis, la
Grèce, l'Italie, le Portugal, la Roumanie, le Siam, etc...
Toutes ces nations ont défendu l'indépendance des peuples
et le triomphe du droit contre des empires militaristes et
des dynasties féodales.

Les responsabilités

Guillaume II portera devant l'Histoire la responsabilité
d'avoir déchaîné cette effroyable guerre et la postérité mau-
dira son nom. Ce scélérat s'efforce aujourd'hui à donner
le change et il ose dire : « Cette guerre que je n'ai pas
voulue ». Son grand-père Guillaume Ier, aussi fourbe que

le petit-fils, proclamait également, en 1866, en partant en guerre contre l'Autriche : « Ce n'est pas ma faute si mon peuple doit soutenir un dur combat, mais nous n'avons pas le choix : nous devons combattre pour notre existence ».

La victoire permet d'avouer l'entreprise. Quelques années plus tard, le maréchal de Moltke, chef du grand Etat-Major prussien, écrivait sans réticences : « La guerre de 1866 n'a pas eu lieu parce que l'existence de la Prusse était menacée, ni pour obéir à l'opinion publique ou à la voix du peuple : ce fut une guerre prévue de longue date, préparée avec calme, reconnue nécessaire par le cabinet ».

Les choses ne se sont pas passées autrement en 1914. Le neveu de ce maréchal, le général de Moltke, chef du grand Etat-Major allemand, a défini avec exactitude les projets et la théorie de l'Allemagne. Une dépêche de M. Jules Cambon, ambassadeur de France à Berlin, en date du 6 mai 1913, relate en ces termes une conversation de ce général :

La pensée de l'état-major général est d'agir par surprise. « Il faut laisser de côté, a dit le général de Moltke, les lieux communs sur la responsabilité de l'agresseur. *Lorsque la guerre est devenue nécessaire, il faut la faire en mettant toutes les chances de son côté. Le succès seul la justifie* » — (*Livre Jaune*, p. 15.)

Cette cynique déclaration résume la pensée de l'Allemagne, sa méthode et explique les actes de son souverain. La responsabilité entière de la guerre retombe sur les Austro-Allemands et surtout sur Guillaume II. C'est aux Alliés à ne pas perdre les bénéfices de la victoire et à exiger la stricte exécution du traité de Versailles. Toute concession enhardit l'Allemagne à ne pas tenir ses engagements et compromet la paix.

TABLE DES MATIÈRES

VIII. — GUILLAUME II DONNE LE CHANGE A L'EUROPE

IX. — L'ULTIMATUM A LA SERBIE

X. — DELAI REFUSE A LA SERBIE

XI. — LES CALCULS DE L'AUTRICHE

XII. — L'ALLEMAGNE ELUDE UNE NOUVELLE
PROPOSITION DE MEDIATION DE L'ANGLETERRE

XIII. — LES MANŒUVRES DE L'ALLEMAGNE CONTRE LA PAIX

XIV. — LA FRANCE, LA BELGIQUE ET LE LUXEMBOURG

XV. — L'ALLEMAGNE VIOLE LA NEUTRALITE DU LUXEMBOURG ET DE LA BELGIQUE

XVI. — L'ALLEMAGNE DECLARE LA GUERRE A LA FRANCE

XVII. — L'ALLEMAGNE COMMENCE DE MOBILISER

XVIII. — L'ALLEMAGNE ET SES ALLIES

XIX. — LES CALCULS DE L'ETAT-MAJOR ALLEMAND

XX. — CONTRE LA RUSSIE

XXI. — LA GUERRE MONDIALE